A IMPORTÂNCIA DE APRENDER INGLÊS

CINTHIA FERREIRA

A IMPORTÂNCIA DE APRENDER INGLÊS

Histórias divertidas de famosos e anônimos, além de dicas para vencer os medos e se tornar fluente de uma vez por todas

A IMPORTÂNCIA DE APRENDER INGLÊS

Revisão: Cinthia Ferreira

Capa: Márcio Schalinski | LC - Design & Editoral

Paginação: Beatriz Sasse | LC - Design & Editoral

Dados Internacionais de Catalogação na Publicação (CIP)
(eDOC BRASIL, Belo Horizonte/MG)

F383i

Ferreira, Cinthia.
   A importância de aprender inglês / Cinthia Ferreira. – Toronto, ON; Atibaia, SP: Ed. do Autor, 2023.
   112 p. : 14,8 x 21 cm

Inclui bibliografia
ISBN 978-65-5872-471-1

1. Língua inglesa – Estudo e ensino. I. Título.

CDD 428.7

Elaborado por Maurício Amormino Júnior – CRB6/2422

Empenhamos grande cuidado e habilidade na edição deste livro. No entanto, é possível que ocorram pequenos erros de digitação, problemas de impressão ou questões conceituais. Se porventura identificar qualquer dessas situações, pedimos gentilmente que entre em contato conosco pelo e-mail: **cinthiaferreiracanada@gmail.com**. Dessa forma, poderemos fazer melhorias.

**Learning is a treasure
that will follow its
owner everywhere.**
(Chinese Proverb)

**O aprendizado é um
tesouro que seguirá seu
dono por toda parte.**
(Provérbio Chinês)

SUMÁRIO

PREFÁCIO

Aprender um novo idioma não é tarefa fácil, exige muita dedicação, disciplina e força de vontade. Infelizmente, nem todo mundo tem essa determinação e perseverança e acaba desistindo no meio do caminho.

Resolvi escrever este livro para motivar aqueles que ainda estão indecisos sobre iniciar ou não seus estudos em inglês e mostrar a todos que nunca é tarde para começar a aprender, pois independentemente da idade ou situação financeira, todos são capazes e, como dizia Leonardo Da-Vinci: "Aprender é a única coisa de que a mente nunca se cansa, nunca tem medo e nunca se arrepende".

AGRADECIMENTOS

Dedico este livro à minha avó, aos meus pais e aos meus queridos alunos.

Desde criança sempre sonhei em escrever um livro. Fui inspirada pela minha avó materna a ler muito e acabei me apaixonando pela profissão de ensinar desde cedo. Minha avó também era professora e sempre me ajudava a estudar para as provas, decorar tabuada e memorizar questionários sobre as matérias que eu tinha mais dificuldades. Aprendi com ela a querer saber o porquê das coisas; e, através do videogame, desenvolvi o interesse em descobrir como chegar ao fim de cada fase, pois, quando passava os fins de semana na casa dela, ficávamos até de madrugada jogando, e ela não me deixava desistir quando eu queria parar de jogar por não entender as instruções dos jogos em inglês.

Meus pais também foram essenciais nessa minha trajetória desde aprendiz até me tornar professora de inglês. Sempre enxergaram em mim esse amor pelo idioma e sabiam que investir nos meus estudos era a melhor forma de me garantir um futuro brilhante. Agradeço muito a eles por terem investido em mim por tantos anos e reconheço que todo esse esforço foi de grande importância para que eu chegasse onde cheguei. Hoje tenho o trabalho dos meus sonhos e devo tudo a eles, que me guiaram nas minhas escolhas e me impediram de desistir quando eu tive dificuldades. Admiro ainda mais que eles tenham me incentivado tanto, mesmo porque nenhum deles teve tantas oportunidades de estudo como eu.

Também quero homenagear aqui meus queridos alunos, que mesmo em meio a tantos desafios continuaram e continuam acreditando no meu trabalho e na sua capacidade de vencer seus medos a fim de atingir seus objetivos profissionais e pessoais. Sem eles eu não teria me tornado a professora que sou, não teria aprendido o que aprendi e não teria conquistado tudo o que conquistei. Obrigada a todos vocês.

INTRODUÇÃO

A ORIGEM DO IDIOMA INGLÊS

O idioma inglês é uma língua indo-europeia germânica ocidental que surgiu nos reinos anglo-saxônicos da Inglaterra e espalhou-se para o que viria a tornar-se o sudeste da Escócia, sob a influência do reino anglo-medieval da Nortúmbria. Após séculos de extensa influência da Grã-Bretanha e do Reino Unido desde o século XVIII, através do Império Britânico, e dos Estados Unidos desde meados do século XX, o inglês tem sido disperso em todo o planeta, tornando-se a principal língua do discurso internacional e uma língua franca em muitas regiões. O idioma é amplamente aprendido como uma segunda língua e usado como língua oficial da União Europeia, das Nações Unidas e de muitos países da Commonwealth, bem como de muitas outras organizações mundiais. É um dos idiomas mais falados no mundo como primeira língua, além do mandarim e do espanhol.

Historicamente, o inglês originou-se da fusão de línguas e dialetos, agora coletivamente denominados inglês antigo, que foram trazidos para a costa leste da Grã-Bretanha por povos germânicos (anglo-saxões) no século V, sendo a palavra English derivada do nome dos anglos e, finalmente, de sua região ancestral de Angeln (no que é agora Schleswig-Holstein). Um número significativo de palavras nesse idioma são construídas com base nas raízes do latim, visto que foi, de alguma forma, a língua franca da Igreja Cristã e da vida intelectual europeia. O inglês foi mais influenciado pela língua nórdica antiga, devido a invasões vikings nos séculos VIII e IX.

A conquista normanda da Inglaterra no século XI originou fortes empréstimos do franco-normando e as convenções de vocabulário e ortografia começaram a dar a aparência superficial de uma estreita relação do inglês com as línguas românicas, o que agora é chamado de inglês médio. A Grande Mudança Vocálica, que começou no sul da Inglaterra no século XV, é um dos eventos históricos que marcam o surgimento do inglês moderno a partir do inglês médio.

Devido à assimilação das palavras de muitos outros idiomas ao longo da história moderna, o idioma contém um vocabulário muito grande. O inglês moderno não só assimilou palavras de outras línguas europeias, mas também de todo o mundo, incluindo palavras do hindi e de origens africanas. O Oxford English Dictionary lista mais de 25.000 palavras distintas no idioma, não incluindo muitos termos técnicos, científicos ou gírias.

POR QUE A LÍNGUA INGLESA É TÃO IMPORTANTE?

Até recentemente, a língua escrita servia de base para o inglês oficial, padrão. Hoje em dia, a língua inglesa falada está adquirindo cada vez mais importância e influência.

Mudanças radicais na sociedade moderna transformaram o uso dessa língua e aprendê-la é, sem dúvida, essencial, pois amplia e enriquece as suas habilidades e lhe dá confiança para ter uma comunicação fluente e eficaz em praticamente qualquer lugar do mundo.

O inglês já é considerado uma língua universal. Com seu acesso hoje cada dia mais fácil, através da proliferação do uso do idioma na mídia mundial, não há como negar a sua importância e relevância para se obter sucesso ou destaque profissional e pessoal.

Este livro foi carinhosamente elaborado com a intenção de provocar e inspirar aqueles que ainda estão em busca de um incentivo para iniciar ou continuar seus estudos no idioma. O estudo da língua inglesa é gratificante e fascinante. Espero que, através deste livro, você encontre a motivação que estava precisando para encarar esse desafio e superar suas capacidades para realizar seus objetivos.

Boa leitura! Cinthia Ferreira

FATOS INTERESSANTES SOBRE O INGLÊS

#1 Quantas pessoas falam o idioma? Mais de **840 MILHÕES** de pessoas falam inglês como primeira ou segunda língua, o que a torna a segunda língua mais falada no mundo, logo após o mandarim.

#2 É o idioma oficial em **67 PAÍSES**, bem como o de **27 NAÇÕES** anteriormente independentes, como Hong Kong e Porto Rico.

#3 O inglês é a língua da aviação. Isso significa que **TODOS OS PILOTOS** precisam se identificar e falar em inglês durante o voo, independentemente de sua origem. Além disso, aprender o idioma também é uma forma de melhorar a empregabilidade na maioria dos países e em quase qualquer área de trabalho, como por exemplo em empresas de turismo e multinacionais.

#4 Mais de **80%** das informações armazenadas em computadores em todo o mundo estão em inglês.

#5 **90% DE UM TEXTO** em inglês consiste em apenas **1.000 PALAVRAS**.

#6 Existem **24 DIALETOS** diferentes da língua nos EUA.

#7 O **PRIMEIRO DICIONÁRIO** do idioma foi escrito em 1755.

#8 Uma nova palavra em inglês é adicionada no dicionário **A CADA DUAS HORAS.**

#9 Existem aproximadamente **1,5 BILHÃO DE FALANTES** da língua no mundo.

#10 O inglês tem mais palavras do que a maioria dos idiomas.

#11 O falante nativo médio sabe apenas entre **20.000 e 30.000 PALAVRAS.**

#12 Mais pessoas no mundo aprenderam inglês como sua segunda língua do que os falantes nativos. O British Council diz que há **750 MILHÕES DE FALANTES** como língua estrangeira (EFL) e 375 milhões de alunos de inglês como segunda língua (ESL) (EFL = aqueles que usam o idioma ocasionalmente. ESL = aqueles que usam o idioma diariamente).

#13 O inglês é o idioma oficial de várias outras áreas como a tecnologia, a medicina e a ciência, por exemplo.

#14 Mais de **55% DO CONTEÚDO DA INTERNET** é produzido em inglês.

VANTAGENS E OPORTUNIDADES INFINITAS

Como todo mundo sabe, o inglês é um dos idiomas mais falados mundialmente e se você pensa que os benefícios de aprender essa língua se limitam às situações que exigem saber se comunicar com falantes nativos do idioma, é melhor rever os seus conceitos.

Você já parou para pensar na infinidade de vantagens e oportunidades que você pode ter na vida se falar inglês? Não importa onde você está, a profissão que você exerce ou quais são seus sonhos. Se você aprender a língua inglesa, vai acabar descobrindo um mundo de possibilidades que nem imaginava existir. Acha que é exagero?

Neste capítulo vamos falar de algumas delas e garanto que você vai ficar com vontade de começar a estudar hoje mesmo, ou então, quem sabe, se sentirá arrependido ou culpado por não ter começado a estudar esse idioma tão valioso mais cedo.

1. AUMENTA A SUA CAPACITAÇÃO, DIVERSIFICA REFERÊNCIAS E AMPLIA AS FONTES DE CONHECIMENTO

Aprender inglês capacita uma pessoa de várias formas, tanto no contexto pessoal, quanto no ramo profissional. Como consequência, se você fala o idioma, poderá certamente ter melhores oportunidades de emprego, estudo e acesso a uma maior variedade de fontes de conhecimento, já que muitos materiais acadêmicos, livros, artigos científicos e manuais são sempre mais traduzidos e disponibilizados em inglês do que em qualquer outro idioma.

Você sabia que mais de três quartos da produção científica mundial é publicada em inglês? Pois é, esse número alcança mais de 90% em algumas áreas como a medicina e a tecnologia, por exemplo. Não é à toa que o inglês também é considerado o idioma da ciência (Dados do livro Does Science Need a Global Language?).

Por isso, se você for pesquisador, aprender a língua te possibilitará diversificar suas referências em projetos de pesquisa para torná-los mais relevantes e acessíveis no âmbito acadêmico.

2. É FUNDAMENTAL PARA O SUCESSO ACADÊMICO E PROFISSIONAL

Na graduação até que é possível ingressar e se formar com distinção em um bom curso sem saber inglês, mas, para progredir na carreira acadêmica e ter acesso aos melhores cursos de pós-graduação, é essencial dominar esse idioma.

Muita gente não sabe, mas como parte do processo seletivo das principais universidades, como a USP, a UFRJ e a UNICAMP, por exemplo, o candidato deve passar por um teste de proficiência em inglês e sua aprovação está diretamente relacionada com o resultado da prova, pois ela avalia a capacidade de leitura dos candidatos. Por isso é importante fazer um curso do idioma voltado para sua área de trabalho ou estudos a fim de tornar esse processo mais leve e menos desafiador.

Ser fluente no idioma também permite que você solicite bolsas de estudo para diversos cursos no exterior, desde o Ensino Médio até os níveis mais altos como o Doutorado e o Pós-Doutorado. Nesses cursos, os bolsistas fluentes em inglês têm contato com alunos e professores nativos, assistem e participam de palestras e projetos de pesquisa e adquirem uma ampla experiência, o que é fundamental para a formação de muitos profissionais e pesquisadores em diversas carreiras científicas.

Vale a pena lembrar também que os profissionais e estudantes com vivência no exterior são mais valorizados no mercado de trabalho em geral, principalmente por empresas multinacionais, o que garante a esses indivíduos melhores oportunidades de emprego.

Além disso, uma outra vantagem é que atualmente, com a expansão e a popularização dos cursos à distância, os estudantes que possuem conhecimento intermediário ou avançado em inglês podem ter acesso a vários cursos on-line oferecidos pelas melhores instituições de ensino do mundo, reconhecidas mundialmente, mesmo sem ter que sair do país e podem, através deles, se especializar em várias áreas do conhecimento.

3. TE AJUDA A GARANTIR MELHORES CARGOS E SALÁRIOS

Mais importante do que um simples certificado ou diploma de curso técnico ou universitário, comprovar que você possui habilidades especiais pode ser um grande diferencial na hora de disputar um cargo concorrido e conquistar melhores remunerações em geral. Fazer um intercâmbio para aprender a falar inglês pode enriquecer ainda mais o seu currículo. Ter domínio da língua tem sido cada vez mais fundamental, principalmente no mercado de trabalho. Você passa de supérfluo para necessário, garante a sua vaga em meio à concorrência e vence em meio às limitações de muitos outros candidatos.

Lembro-me, que quando era adolescente, vi uma reportagem na televisão que me chamou muito a atenção. Ela dizia que alguns salários podem até dobrar se você for fluente em inglês e eu tenho comprovado isso no meu dia a dia através das experiências que tive desde aluna até me tornar professora, bem como algumas histórias que escuto diariamente dos meus alunos e que vou contar para vocês já, já. Um dado que prova que o que estou falando ainda é verdade hoje em dia é última pesquisa salarial da Catho, divulgada em 2016. Ela aponta que a remuneração de um profissional fluente em inglês pode ser até 61% maior quando comparada à de uma pessoa que ocupa o mesmo cargo, mas que não possui essa competência.

Estima-se que apenas 5% dos brasileiros têm conhecimentos gerais na língua inglesa. E aqueles que têm fluência acabam ganhando mais vantagens e um diferencial no meio profissional por isso.

Uma dica para quem não está muito confiante no inglês é não mentir no currículo, pois na hora da entrevista ou na rotina do trabalho em si, você pode ser colocado em teste e perder o emprego por conta disso.

Falar bem inglês no contexto profissional pode te ajudar muito em reuniões de negócios, vendas de produtos, na comunicação com clientes em outros países, expansão de contatos profissionais, etc. Inclusive, em algumas profissões como Marketing, Publicidade e Propaganda, Jornalismo, Gestão de Eventos, Turismo e Tecnologia da Informação, saber o idioma é fundamental.

4. TE POSSIBILITA CONHECER NOVOS PAÍSES E CULTURAS

O aprendizado do idioma muda a maneira como as pessoas se relacionam com o mundo, propiciando acesso às diferentes culturas que se utilizam do inglês como língua oficial ou aqueles que usam o idioma como um instrumento a fim de facilitar a comunicação, como no caso dos falantes de árabe e outras línguas mais complicadas e menos utilizadas, por exemplo.

Além disso, saber se comunicar bem em inglês facilita a sua rotina em viagens para quase qualquer país do mundo. Você se torna mais independente e confiante para viajar sozinho pelo mundo, pois sabe que se houver algum problema as pessoas vão te entender, já que o inglês é o idioma mais usado por pessoas de diferentes nacionalidades. Sem contar que você pode ainda economizar uma boa grana que gastaria por não precisar de um guia turístico ou tradutor/intérprete.

Quem fala inglês também tem maiores chances de fazer amizades e ampliar a comunicação com pessoas do mundo inteiro, como foi no meu caso. Acabei fazendo amizade com pessoas de diferentes nacionalidades como árabes, coreanos e gregos pelo simples fato de usarmos o mesmo idioma intermediário para comunicação.

5. FORTALECE O CÉREBRO

Você sabia que o cérebro é como um músculo do corpo humano? Pois é, ele precisa ser exercitado regularmente para ficar sempre em forma. Estudos realizados pela Universidade de Montreal e pelo Instituto Rotman, em Toronto no Canadá, apontam inúmeros benefícios de se tornar bilíngue. Isso porque o aprendizado do idioma desenvolve sua habilidade de se tornar multitarefa, fortalece a memória, melhora a capacidade de tomar decisões, de manter o foco, de ser mais criativo, etc.

Entre os principais aspectos dessas descobertas também estão o atraso no surgimento de doenças que afetam o cérebro, como o Alzheimer e a demência, em até cinco anos e a diminuição do tempo para a execução de tarefas, pois uma pessoa bilíngue utiliza os dois lados do cérebro e consegue fazer várias tarefas ao mesmo tempo, diminuindo a distração e melhorando suas habilidades psicomotoras em geral. E o melhor de tudo é que isso é possível com apenas alguns minutos de dedicação por dia.

6. TE PERMITE ENTENDER SÉRIES, FILMES E MÚSICAS NA VERSÃO ORIGINAL

Você fica boiando enquanto assiste a uma série ou um filme sem legenda ou enquanto escuta uma música em inglês? Fica frustrado quando não consegue entender uma piada ou o que o cantor está dizendo nas suas músicas favoritas?

Pois é, quem é fluente no idioma consegue fazer tudo isso e se sente super feliz por não ter que ver séries e filmes dublados ou legendados. Sem contar que, eu não sei você mas eu não gosto nem um pouco da artificialidade de algumas dublagens e de ficar lendo legendas sem poder prestar atenção na cena em si.

7. AUMENTA A SUA AUTOCONFIANÇA E SUA AUTOESTIMA

Da mesma forma que você considera as pessoas ao seu redor que são fluentes no idioma inteligentes, outras pessoas olharão para você com outros olhos. E você vai acabar virando referência para aqueles que também pretendem aprender a língua. Isso com certeza irá fazer com que você se sinta mais confiante até mesmo para ensinar inglês ou auxiliar seus amigos e familiares com trabalhos de escola e faculdade, entrevistas de emprego, etc. Eu mesma já passei por isso algumas vezes, mesmo enquanto ainda morava no Brasil.

Uma vez ajudei um asiático a chegar em uma estação de metrô de São Paulo quando o coitado perguntava em voz alta se alguém falava inglês no vagão e ninguém se pronunciava. Ele parecia desesperado, porque estava perdido e ninguém ao seu redor falava a mesma língua para lhe ajudar. Quando eu disse que falava e ofereci ajuda, ele me agradeceu tanto e ficou tão aliviado que quase beijou os meus pés!

Também me lembro de ter ajudado um casal de idosos a encontrar um hotel na minha cidade, no interior de São Paulo, enquanto estava enchendo o pneu da minha bicicleta num posto de gasolina. Coincidentemente, meu pai estava abastecendo o carro na mesma hora e viu esse casal se aproximar do frentista perguntando algo em inglês. O frentista ficou sem reação, pois não entendia o que eles estavam falando, aí meu pai entendeu que eles não falavam português e apontou para mim, para que eu pudesse ajudar. No final eles me agradeceram muito e também se sentiram superaliviados, pois não tinham nenhum mapa e não havia smartphones ou GPS naquela época. Ah, claro que meu pai se sentiu superorgulhoso quando viu que a filha dele conseguiu fazer algo para ajudar aquele casal necessitado de informações quando ninguém mais ali falava inglês, né?

Em uma das minhas férias no Brasil também ajudei uma vendedora a completar a venda quando um senhor alemão não falava português e não estava conseguindo fazer o pagamento das compras com o seu cartão de crédito. Quando percebi que eles não conseguiam se comunicar, porque ela não falava inglês ou alemão e vi que ele estava quase desistindo da compra, ofereci ajuda e expliquei o motivo do problema em inglês. Alguns cartões internacionais não permitem pagamento via aproximação, mas ele não estava entendendo o porquê e ficou envergonhado com a situação pensando que o problema era do cartão dele.

COMO APRENDER INGLÊS MUDOU MINHA VIDA

Desde criança adorava estudar, ler e brincar de escolinha, acho que por influência da minha avó materna que era professora e diretora de escola. Eu sempre passava os fins de semana na casa dela e ela me ensinou o amor pelos livros e pelos estudos. Lembro que ela fazia crochê e começou a me ensinar as cores em inglês com uns jogos de porta-copos que estava costurando.

Uma das minhas melhores lembranças de infância era jogar videogame com ela e tentar descobrir os segredos de cada fase através da tradução das instruções usando um minidicionário velho com cheiro de mofo que ela tinha guardado no fundo de uma gaveta.

Apesar de muito estudiosa, minha avó não teve a oportunidade de aprender inglês, mas isso não a impediu de despertar esse interesse em mim e foi aí que tudo começou, jogando videogame e tentando entender como vencer o jogo, buscando palavrinha por palavrinha no minidicionário a fim de passar de fase e chegar ao fim.

Naquela época, eu tinha uns sete anos, me lembro de ficar frustrada quando eu não conseguia passar de fase por não entender o que era pra fazer, pois os jogos estavam todos em inglês. Aí minha avó me encorajava e motivava a procurar o significado das instruções no dicionário, já que não havia internet, e, pouco a pouco, eu via o quanto saber o novo idioma me ajudava a atingir os meus objetivos que, naquela época, não passavam de vencer um simples jogo de videogame. A partir daí, passei a me interessar ainda mais pela língua, pois adorava os desenhos da Disney e queria conhecer esse lugar mágico um dia.

Um dos meus presentes favoritos na infância foi um curso de inglês da BBC, chamado Muzzy, que ganhei do meu tio. Ele trabalhava em uma empresa que vendia esses cursos e me deu de presente. O kit vinha numa malinha amarela cheia de livrinhos, fitas cassete e fitas VHS. Eu adorava passar as tardes fazendo as atividades, escutando os áudios e assistindo às fitas para aprender cada vez mais a língua do Mickey Mouse.

Eu achava tão legal falar um outro idioma que até fingia estar falando em inglês com a minha prima quando íamos levar ou buscar alguém no aeroporto. Ficávamos impressionadas com tanta gente falando diferentes idiomas e brincávamos de falar nossa própria língua pra todo mundo pensar que éramos "gringas"!

Com dez anos, meus pais tomaram a brilhante iniciativa de me colocar numa escola de idiomas. Me lembro até hoje do meu primeiro dia de aula e das palavrinhas que aprendi, achei o máximo e continuei cada vez mais inspirada a saber mais e mais. Eu nem imaginava o divisor de águas que seria aprender esse idioma tão importante, a partir desse momento, pois meus pais também não falavam inglês, mas eles viam o meu interesse e acabaram investindo nisso. Não gostava de filmes dublados e queria muito entender o que os meus cantores favoritos diziam nas letras de música. Lembro de passar horas e horas traduzindo as letras de músicas e ficar ensaiando como cantar direitinho exatamente como os meus artistas favoritos.

Continuei no curso de inglês firme e forte, cada vez mais encantada e motivada a alcançar a fluência.

Com quinze anos, meus pais me presentearam com uma viagem à Disney e essa foi a minha primeira viagem internacional para um país de língua inglesa. Fiquei tão feliz em realizar meu sonho e finalmente conhecer a casa do Mickey. Lá também comecei a perceber o quanto saber o idioma podia fazer a diferença, pois eu conseguia entender as pessoas, resolver problemas de maneira independente, compreender as atrações e apresentações nos parques e me senti muito poderosa com tudo isso.

Depois de alguns anos, acabei meu curso na escola de inglês e tive uma grande festa de formatura. Sempre associei o inglês com algo divertido, interessante e inspirador.

A partir daí, quando estava quase no fim do ensino médio, com dezessete anos, comecei a trabalhar como professora em uma escola de idiomas e notei a diferença salarial entre um professor iniciante de qualquer matéria e um professor de inglês. Isso me chamou tanto a atenção que me fez buscar um curso de Letras para poder me graduar e conseguir melhores oportunidades de emprego.

Naquela época, eu estava em dúvida sobre alguns cursos, mas segui meu coração e mergulhei na faculdade de Letras, pois sabia que o professor de inglês era normalmente mais valorizado do que os demais. Acabei trabalhando em três escolas diferentes e conheci pessoas maravilhosas que me ensinaram muito e me fizeram amar ainda mais a profissão de ensinar.

Na última escola que trabalhei, tive a oportunidade de dar aulas particulares em empresas da região e me sentia superorgulhosa ao entrar com meus materiais para dar aula para os executivos e diretores com apenas vinte e poucos anos. Tive alunos de todos os tipos e idades e sentia o quanto eles valorizavam as aulas, pois eu estava passando um conhecimento que poderia mudar suas vidas, como mudou a minha. Afinal, o fato de aprender inglês me deu a profissão que eu tanto amo e me levou a outras oportunidades profissionais maravilhosas. Na faculdade, eu adorava ficar na sala de aula durante os intervalos para ajudar o pessoal que estava com dificuldades na matéria de inglês e me lembro de ter recebido muitos elogios da professora por ajudá-la a melhorar as notas da classe.

Com vinte e três anos me formei na faculdade e decidi fazer um curso de lazer e recreação para poder trabalhar nos hotéis da minha região e complementar minha renda nos meses de janeiro e julho, já que a escola fechava por um mês durante as férias escolares. Eu era sempre valorizada pelo fato de falar inglês nos hotéis em que trabalhei, pois era costume encontrar hóspedes estrangeiros que não falavam português.

Depois de algum tempo, acabei trabalhando para um acampamento de férias que realizava viagens de intercâmbio para países de língua inglesa. Apesar de ter trabalhado lá somente por uma temporada, fui convidada a participar de uma reunião na qual eles iriam selecionar três pessoas para um emprego temporário de assistente de intercâmbio na África do Sul, Canadá e nos Estados Unidos, mais especificamente na Disney.

Quando cheguei na sala de conferência, fique admirada com tantos candidatos. Eram cem no total, disputando apenas três vagas. Fiquei um pouco desmotivada com tanta concorrência, pois tinha muita gente lá com muito mais tempo de casa e muito mais experiência do que eu.

A primeira pergunta do processo seletivo foi "Quem aqui fala inglês fluente?". Adivinha quantos levantaram a mão? Somente treze pessoas num total de cem, isso mesmo, apenas treze. Na mesma hora, o time de recrutadores pediu para que os oitenta e sete que não falavam se retirassem da sala. Meus olhos se encheram de esperança, pois eu tinha conseguido filtrar a maior parte dos candidatos em uma simples pergunta.

A segunda pergunta foi "Quem tem disponibilidade para viajar por um mês em julho?". Desta vez, apenas três levantaram a mão, incluindo eu. Nesse momento meu coração quase pulou pela garganta, pois eu sabia que estava dentro, mas queria muito que fosse selecionada para ir para a Disney, pois eu adoraria visitar esse lugar mais uma vez. E, finalmente, a última pergunta que definiu o meu destino foi "Quem tem visto americano válido?". Incrivelmente, só eu restei naquela hora! E assim fui selecionada para trabalhar na Disney por um mês, com todas as despesas pagas e um salário de US$ 400 dólares para comprar o que eu quizesse. Durante o mês todo, a minha função era monitorar se o grupo de alunos falava inglês o tempo todo, tirar fotos e entretê-los nos parques e no tempo livre fora das aulas, além de escrever um blog para que os pais acompanhassem a viagem dos filhos. Imagine a inveja que eu causei nos meus amigos, né? Eu consegui um trabalho dos sonhos pelo simples fato de saber falar fluentemente um idioma! Depois dessa experiência incrível criei asas e quis voar de novo e de novo.

Através da indicação de alguns amigos, comecei a pesquisar programas de intercâmbio, mas percebi de cara que não tinha dinheiro para me aventurar e sair do país tão cedo.

Então comecei a pesquisar por empregos em navios de turismo. Muita gente dizia que pessoas que falavam inglês tinham mais chances de serem contratadas, mesmo sem nenhuma experiência. Mas aí o destino me trouxe para o Canadá da maneira mais impensada. A convite de uma amiga que tinha ganhado uma viagem de intercâmbio da tia para o Canadá, resolvi tentar o visto. Ela dizia que nunca viajaria por tanto tempo sozinha e, como éramos grande amigas naquela época, eu resolvi tentar. Ela me emprestou dinheiro e tudo acabou dando certo. Consegui o visto, recebi o apoio de toda a minha família, amigos e colegas de trabalho e parti de asas abertas para uma nova oportunidade que transformaria minha vida para sempre.

Com apenas vinte e quatro anos, vivendo em num país totalmente diferente pela primeira vez, pude notar a diferença que o inglês fez a partir do momento que pisei no Canadá.

Logo no aeroporto, durante uma pequena entrevista com a agente de imigração, respondi às mil perguntas bem naturalmente, sem hesitar ou gaguejar, o que me garantiu a entrada no país. Afinal, eu tinha que demonstrar que não estava interessada em ficar, mas simplesmente passear por aqui. Isso pode ser bem arriscado se você não fala muito bem, pois o agente pode pensar que você está nervoso porque está escondendo algo, mas, graças à minha fluência e contato frequente com a língua, isso não foi um problema para mim.

Muita gente não sabe, mas não é tão fácil assim conseguir emprego quando você é um imigrante recém-chegado, mesmo tendo a documentação necessária para trabalhar, se você não falar inglês razoavalmente bem, pode ter que passar por muitos perrengues e até ser explorado por isso. No meu caso, a língua não foi um problema, mas, sim, uma solução, pois rapidamente consegui um trabalho e pude garantir o meu sustento de maneira independente, o que me fez querer ficar cada dia mais nesse país que eu passei a considerar como meu lar doce lar.

No início foi difícil, além de passar pelas adaptações do clima e de cultura e a dor da saudade por estar longe da família e dos amigos, tive que passar por algumas situações difíceis em alguns empregos até obter a permissão de trabalho, mas o fato de saber me comunicar em inglês fluentemente me abriu portas e me deu a chance de conseguir melhores salários desde o início. Tanto é que eu trabalhava somente sábados e domingos como garçonete em bares e restaurantes para conseguir o mesmo salário que uma babá ou uma faxineira ganhava trabalhando a semana toda.

Depois de alguns meses passei a enxergar o Canadá com outros olhos e decidi aplicar para imigrar. Através das minhas pesquisas constatei que eu já tinha acumulado a pontuação necessária principalmente devido ao meu nível avançado de inglês. Muitos profissionais não conseguem atingir essa pontuação quando não possuem fluência no idioma, mesmo tendo tantas outras qualificações. Falar inglês ainda é uma das mais importantes de todas as habilidades para imigrar ou validar os seus estudos no Canadá. No meu caso, felizmente, conheci meu grande amor e não tive que passar pelos trâmites convencionais de imigração para me estabelecer no país, mas tenho certeza que isso faria muita diferença se eu tivesse que passar pelo processo, pois acompanho e preparo muitos alunos hoje em dia para atingir o nível de inglês necessário para se qualificar e imigrar. Como professora de idiomas, sempre pensei que poderia ter que procurar uma outra profissão no Canadá, já que eu pensava que os alunos de intercâmbio procurariam escolas canadenses para estudar inglês. Mesmo assim, pouco a pouco resolvi tentar conseguir alguns alunos particulares, fiz alguns anúncios na internet para aulas de português e inglês e passei a dar aulas em bibliotecas e à domicílio. Quando percebi que eu tinha potencial como professora de inglês num país cheio de imigrantes que não dominavam muito bem o idioma, decidi arriscar e abri meu próprio negócio. No início trabalhei com outra professora que me inspirou a fazer um curso de tradução da Universidade de Toronto, mas depois segui sozinha e consegui concluir meus estudos e começar uma nova carreira como tradutora.

Estava super-realizada, com muitos alunos insatisfeitos com as escolas por onde passavam, e todos me diziam que o fato de eu ser brasileira e formada em Letras era o diferencial que eles buscavam, pois nas escolas os professores raramente tinham qualificação acadêmica ou experiência de ensino.

Passei a estudar francês também, pois notei que, como tradutora, eu poderia alcançar mais clientes se soubesse falar fluentemente as duas línguas oficiais do país e até mesmo disputar vagas com os canadenses, pois muitos deles não falam os dois idiomas oficiais do país. A próxima etapa da minha carreira como professora e tradutora foi a validação dos meus estudos através de um curso que me tornou reconhecida para dar aulas em qualquer lugar do mundo. Obtive a certificação TESOL/TESL que me garante poder dar aulas de inglês até mesmo na China se um dia eu me cansar da vida por aqui.

Após alguns anos trabalhando como autônoma, no meu próprio escritório, muito satisfeita e realizada com o meu trabalho, recebi um convite para trabalhar em uma empresa canadense em um projeto temporário para o desenvolvimento de um curso de inglês e português para estudantes da Colômbia. O recrutador me achou na internet, pois encontrou em mim as qualificações necessárias para uma vaga que eu nem estava procurando. Trabalhei nesse projeto por três meses e me senti mais uma vez supervalorizada pelo fato de ter sido contratada para um trabalho tão importante junto ao governo colombiano no Canadá.

Atualmente, após muitos anos vivendo aqui no Canadá, coleciono as histórias de sucesso ao ensinar inglês através dos meus alunos, pois eles sempre me contam suas conquistas diárias em consequência do desenvolvimento dessa habilidade de se comunicar cada vez melhor nesse idioma que abre mais portas do que qualquer outro.

HISTÓRIAS DE SUCESSO DE QUEM FALA INGLÊS

Neste capítulo, resolvi reunir algumas histórias dos meus alunos, familiares e amigos para inspirar aqueles que precisam de um "empurrãozinho" para iniciar seus estudos de inglês e aproveitar todas as oportunidades que isso pode trazer. Espero que você encontre aqui a motivação que estava buscando e tome a atitude de não deixar para amanhã o que você pode fazer hoje.

NATHÁLIA F.

Eu estudei inglês minha vida toda desde que me lembro. Claro que ajudou muito o fato de que a Cinthia é minha irmã mais velha e desde muito cedo já me ensinava a língua assistindo os desenhos do Muzzy (o qual é exclusivamente dedicado para crianças e voltado para o aprendizado do inglês) e sempre me incentivando a ler, a ouvir e a falar inglês o tempo todo.

O idioma na minha vida foi, na verdade, a chave pra todas as portas que foram abertas para mim. Eu decidi ir visitar a minha irmã em 2012, que já morava no Canadá há um tempo, e foi aí que eu me apaixonei mais ainda pela língua. Eu fiquei apenas 5 meses e tive que retornar ao Brasil. Naquela época, eu percebi que, por conta do inglês, eu tinha oportunidades que alguns amigos e conhecidos meus não tinham, simplesmente por não falarem a língua.

Foi então que decidi juntar todo o dinheiro que eu já tinha para me mudar para o Canadá de vez. No começo eu tive muita dificuldade para falar, mesmo tendo concluído o nível avançado, pois eu sentia que não conseguia me expressar como eu gostaria. Eu costumava pensar "eu só vou me considerar fluente na língua quando eu conseguir ir ao banco e falar com o gerente sobre o que eu gostaria sem pestanejar e explicar tudo o que eu preciso". Sim, parece besteira, mas eu tinha um pouco de inveja das pessoas que conseguiam se expressar direito em inglês, pois eu acabava travando e cometendo erros bobos o tempo todo.

Eu sempre procurei aprimorar o meu inglês e, no ano de 2017, tive a oportunidade de conhecer uma das pessoas mais incríveis da minha vida, uma senhora canadense que foi minha chefe e hoje considero como uma mãe para mim, aqui no Canadá. Tive a oportunidade de trabalhar em tempo integral com ela, o que me ensinou muito. Meu inglês deu um pulo absoluto naquele ano e eu já não precisava mais pensar em português para falar o que era primordial. Naquele ano, eu tive a certeza que todo o meu medo de falar em outro idioma era o que estava travando a minha vida e, a partir daquele momento, eu passei a conquistar coisas incríveis.

Claro que nem tudo são flores. Por não conseguir me expressar direito, muitas vezes eu acabava ficando frustrada e chateada, resultando em angústia. Já passei por uns micos bem engraçados, inclusive. Vou citar alguns que marcaram no próximo capítulo.

Eu moro no Canadá desde 2016, me formei em Hotelaria & Turismo em Toronto e trabalho na maior companhia de aviação do país, a Air Canada, consegui me formar na faculdade e obtive uma excelente vaga de trabalho graças ao fato de falar e escrever inglês corretamente. Eu uso o idioma diariamente e hoje, por incrível que pareça, às vezes eu até tenho dificuldade de lembrar de algumas palavras específicas em português, por conta do uso contínuo do inglês.

Eu devo todas essas conquistas ao inglês e especialmente à minha irmã, Cinthia, que nunca deixou de acreditar em mim e na minha capacidade de aprender uma nova língua, o que consequentemente abriu muitas portas na minha vida.

AMANDA Z.

Meu nome é Amanda e tenho 33 anos. Atualmente eu moro na Irlanda, trabalho e estudo inglês desde que cheguei aqui há pouco mais de um ano. A proposta era fazer um intercâmbio na Europa, tirar minha cidadania italiana e me estabilizar em um país que não fosse o Brasil, pois a situação econômica estava realmente muito complicada. Eu trabalhava em uma grande seguradora no Brasil, tinha um cargo médio e muitos sonhos. Um dia participei de uma reunião com o cliente que eu atendia e um dos investidores falava somente inglês (eu tinha estudado quando adolescente, mas não o suficiente para entender um nativo falando). Quando terminou o encontro meu cliente principal me pediu um relatório sobre a reunião e eu fiquei desesperada, comecei a chorar no banheiro e pensar: "Meu Deus, estou perdida, como eu vou entregar esse relatório, eu vou ser demitida!", eu não tinha conseguido entender quase nada! Conversei com meu cliente e falei a verdade, que não tinha conseguido anotar muitas coisas e ele entendeu perfeitamente e, na época, sentamos e fizemos o relatório juntos.

Decidi então que nunca mais eu ia me expor dessa forma sem estar preparada e qualificada, percebi o quanto o inglês era fundamental na minha profissão e como ele era lindo de se ouvir!

Fui para a Itália, mas como não sabia falar italiano, me comunicava só em inglês. Foi quando eu me dei conta de o quão necessário era saber outra língua.

Deixei meu país, deixei meu trabalho e aqui estou vivendo e aprendendo todos os dias e hoje me sinto confiante para participar de reuniões, falar com os nativos e cada dia mais me apaixono pelo inglês.

LETÍCIA S.

Me considero uma pequena sonhadora, pois desde que eu era mais nova, assistia filmes americanos, programas infantis da Disney e gostava de músicas em inglês. Sempre tive o interesse de aprender o tão desejado inglês, já que ele é um idioma mundialmente utilizado. Meu relato aqui será mais uma inspiração do que uma história sobre as minhas conquistas.

Sou uma pessoa que adora continuar aprendendo a cada dia e acho importante desenvolver disciplina para tudo na vida. Porém, para aprender outro idioma, é necessário muito mais do que disciplina, pois aprender uma nova língua exige paciência, se desprender de orgulhos e ter coragem de aprender cada palavra e expressão do zero, como uma criança. Minha decisão de aprender inglês no Canadá me desafiou muito e permanece me desafiando dia após dia na minha vida. Moro aqui há alguns anos e no início não falava nada da língua.

Além do idioma, nós imigrantes, precisamos ingressar na cultura local e aos poucos ir moldando nossa nova linguagem, nos desprendendo dos medos para avançar e tentar, de alguma maneira, nos comunicarmos para comprar café ou comida em um restaurante, tentando encaixar nossa vida nas situações diárias e na rotina do país.

O aprendizado é algo precioso, mas exige persistência e autoconfiança para que você seja capaz de alcançar aquilo que almeja no futuro e conquistar uma evolução pessoal e consequentemente se sentir inserido em meio à população local.

Muitas vezes eu pensei em desistir, mas quando eu olho para meu passado e por mais que seja pouco o que conquistei até aqui, eu observo que eu já obtive um grande avanço mediante as pequenas coisas alcançadas no dia a dia. Percebi que o degrau que eu consegui atingir era algo maior do que eu já possuía antes e que eu não fiquei estagnada no caminho.

A trajetória de minha vida nesse árduo e continuo aprendizado permanece me levando a pensar que a cada dia podemos subir um degrau, mesmo que seja lentamente, mas que seja dentro do seu próprio tempo e não através da comparação com outras pessoas.

Enxergar a nossa própria evolução nos permite crescer internamente e pontuar as áreas em que precisamos melhorar, mas esse caminho nos leva a passar por uma luta contra os pensamentos negativos, sentimentos de frustração e os obstáculos que surgem para tentar nos paralizar e nos fazer desistir. O mais importante disso tudo é saber que a conquista é algo que depende de motivação e persistência pessoal, algo que precisa ser constante e forte o suficiente para enfrentar momentos da vida particular que tentam infligir os nossos passos nessa trajetória em busca de aprender uma nova língua.

Quando somos adultos, essa trajetória muitas vezes parece árdua e inalcançável, ao passo que, para um jovem ou uma criança, ela parece ser algo divertido e instigante. Uma coisa muito importante no aprendizado é que estamos investindo em algo que não poderá ser retirado de nós. Isso sim é algo que nós levaremos para toda a vida e que cada avanço nos retira da estagnação e nos impulsiona para um nível mais elevado. A melhor parte dessa trajetória é ver a nossa pequena evolução em poder nos comunicar com as pessoas, assistir filmes, fazer ligações e enviar mensagens, cada pequeno detalhe que antes era nada para nós. Por isso é importante lembrar que cada um possui seus próprios desafios e cada pequena evolução nos transforma a todo momento em que nós decidimos subir mais degraus na escada da vida para alcançar nossos sonhos e conquistas.

VIVIAN R.

Meu aprendizado da língua inglesa começou quando fui morar no Canadá.

O plano inicial era um intercâmbio de 4 meses, em período integral, morar em casa de família por um período e voltar para o Brasil. Acabei ficando lá por 5 anos.

Muitas pessoas acreditam que um "curto" período em um país estrangeiro pode fazer você aprender um idioma facilmente, por poder praticar de forma imersiva, o que não aconteceu comigo.

Eu nunca fiz aulas de inglês antes de sair do país, então quando cheguei no Canadá, não conseguia me comunicar, e comecei a falar em espanhol com latinos que conheci por lá. Por isso, levei muito mais tempo para aprender.

Em certo momento, decidi buscar uma professora particular. Sempre gostei muito de inglês e de estudar, não queria morar em um país sem aproveitar a oportunidade de realmente aprender, então comecei minhas aulas com a Cinthia.

Ela se tornou uma grande amiga, pois além das aulas, saíamos juntas e tínhamos longas conversas sobre tudo. Minhas aulas particulares continuaram um tempo quando voltei para o Brasil e ela sempre me ajudou muito. Hoje, nossas famílias se conhecem, nos encontramos sempre que possível. Não tenho palavras para descrever o quão importante ela foi na minha passagem no Canadá e, agora, para a vida, somos mais que amigas, confidentes.

Com ajuda e incentivo dela, me senti mais confiante para trocar de emprego, fazer um curso para me capacitar nos cuidados infantis e sempre dividia com ela meu dia a dia trabalhando com as crianças como babá enquanto estive lá.

Depois de aprender inglês, visitei outros países, conheci outras culturas e fiz muitas amizades em todos os cantos deste mundo.

Tudo o que a língua inglesa, cultura e vivência no Canadá me proporcionaram, pretendo passar para os meus filhos um dia. Tive tantos momentos agradáveis e inesquecíveis com minhas crianças canadenses que levo para toda a vida.

Tenho contato com grande parte delas até hoje e isso não tem preço. Saber de relatos emocionantes e carinhosos das famílias, do quão importante eu fui e sou no desenvolvimento dos seus filhos e filhas até hoje me enche o coração de satisfação e amor.

Enfim, depois dos 5 anos maravilhosos de Canadá, já capaz de me comunicar muito bem em inglês, obtive um ótimo emprego em uma multinacional e hoje me considero uma pessoa realizada na vida. Com certeza, aprender inglês me ajudou muito a chegar até aqui.

MARIE L.

Minha história de sucesso com o inglês começou quando eu passei a gostar do idioma, pois tive a oportunidade de morar no Canadá durante três meses enquanto estava cursando o ensino médio. Fiz um intercâmbio na casa de uma família canadense e me tornei amiga de uma jovem como eu, que depois também fez intercâmbio na minha casa, na França. No início foi difícil, mas como ela falava bem francês, isso me ajudou muito. O fato de morar lá durante esse tempo e poder frequentar a escola todos os dias me fez aprender rapidamente. Também acho que um fator importante nesse caso foi eu ter que falar inglês para me comunicar, pois não se falava francês naquela região do Canadá, então eu tinha que "me virar". No início eu chorava quando não conseguia fazer as tarefas da escola sozinha, mas rapidamente passei por essa fase de insegurança ao tentar me comunicar sem medo e isso me deixou tão feliz que eu passei a gostar cada vez mais de aprender inglês. A vontade de aprender e não desistir foi o que me fez vencer esse desafio. Graças a essa experiência, eu aprendi o inglês e depois voltei para a França, onde continuei meu curso assim que eu cheguei e consegui melhorar ainda mais o meu vocabulário e especialmente a minha gramática. Posteriormente, isso contribuiu muito para que eu alcançasse um enorme objetivo de poder morar fora novamente e fazer doutorado nos Estados Unidos por quatro meses, já que na área de pesquisa é extremamente essencial se comunicar bem em inglês, pois quase todos os artigos publicados são escritos nesse idioma. Consegui essa oportunidade através da bolsa de estudos americana chamada de Fulbright, que é oferecida a vários estudantes acadêmicos do mundo todo e que possibilita que o aluno participe de projetos de pesquisa e faça um curso de doutorado remunerado e totalmente gratuito, contribuindo para o seu desenvolvimento e reconhecimento profissional de forma internacional.

ANA CLÁUDIA G.

A música cantada ou tocada sempre teve um papel fundamental em minha vida. Sendo filha de uma mulher completamente invisual, pois a deficiência era de nascença, o ouvido passou a ser uma grande arma no ensinamento que recebi. De origem muito, muito pobre, eu enfrentei diversos perigos desde os 8 anos de idade por trabalhar nas ruas do Rio de Janeiro, era necessário ajudar financeiramente e também cumprir outras tarefas domésticas.

Naquela época, era impossível ter acesso a outros ensinos, muito menos o inglês, mas por causa da sua grande habilidade auditiva, tudo o que a minha mãe aprendia informalmente através das músicas em inglês, ela me ensinava. Apesar de nunca ter tido a oportunidade de estudar música ou inglês, surgiu um caminho a ser trilhado através da música e por causa deste presente do céu, que é o dom de cantar, fui enviada a alguns países através da minha igreja.

Meu primeiro contato com a língua aqui no Canadá foi bem marcante. Logo que cheguei, percebi que as duas maiores dificuldades aqui seriam o frio extremo e a língua. Sempre digo que para aprendermos um idioma é necessário um grande esforço, pois durante a comunicação espera-se obter feedback.

Em minha experiência pessoal com o novo idioma, aqui nesta terra tão gelada, foram essenciais dois pontos muito importantes, conhecer a minha querida professora, Cinthia Ferreira, e ter herdado a habilidade auditiva de minha mãe.

Ambos aplicados de forma assertiva me deram um resultado fabuloso, não esquecendo de adicionar uma pitada de coragem no lugar do medo na hora da comunicação. Lembre-se, ainda que gramaticalmente não esteja 100% correto, ouse tentar falar e se comunicar! Se não tiver o dom da compreensão auditiva, crie asas, invente outro recurso, mas não desista. Cinthia foi para mim uma grande referência de ser humano e profissional.

Afinal quando estamos em outro lugar diferente da nossa terra e da nossa língua, é nosso dever realizar, com o maior esforço possível, nossa adaptação no país que nos recebe.

No início, eu me sentia frustrada por não poder me comunicar. Hoje em dia eu dirijo, tenho minha independência, ministro em inglês em uma igreja completamente canadense, que transmite cultos ao vivo em mais de 180 países. Paralela à música, tenho também formação na área de saúde, como enfermeira e, há pouco tempo atrás, comecei um trabalho voluntário em uma clínica onde somente trabalham profissionais indianos, os quais considero ter uma pronúncia muito difícil de entender, mas me surpreendi ao fazer traduções de português ou espanhol para o inglês. Hoje reconheço que meu inglês ainda não é perfeito, mas eu preciso continuar tentando e me aperfeiçoando, pois esta foi a terra que Deus me indicou e por isso eu não tenho medo.

LEONARDO F.

Eu tenho 24 anos, moro no Brasil e sou formado em Engenharia de Controle e Automação e atualmente trabalho na fábrica da Mercedes-Benz Caminhões.

Minha primeira recordação de entrar em contato com a língua inglesa foi por meio dos videogames. Quando tinha por volta de 6 ou 7 anos, ganhei meu primeiro console. Como não conhecia o inglês ainda, lembro de ficar testando todas as opções do menu até achar o que eu queria, então foi assim que comecei a associar palavras simples como *start, pause, stop, play*, etc.

Com 11 anos, comecei a frequentar aulas em cursos de inglês oferecidos pela escola com incentivo dos meus pais e por começar a entender que o idioma era usado (ainda é) como a principal língua no mundo e, é claro, na Internet, na qual eu passava horas e horas. Quando entrei na faculdade finalizei meu curso de inglês, mas continuei utilizando o que aprendi para escrever artigos científicos publicados em congressos internacionais. O inglês trouxe muitas oportunidades para o meu projeto de TCC, por exemplo. Como as publicações foram todas nesse idioma, tivemos a chance de participar de premiações internacionais e de nos conectarmos com pessoas da indústria. Além disso, o principal motivo de publicar nessa língua é atingir o maior número de pessoas de diferentes partes do mundo, algo essencial para se tornar influente no ramo de pesquisa. Como trabalhei com linguagens de programação durante o TCC, percebi que até nesse assunto o inglês é o principal componente, pois todas elas usam palavras em inglês para suas funções essenciais.

Em todas as entrevistas de estágio que participei em 2020, sem exceção, pediam inglês em nível avançado. Durante as etapas de conversação no idioma, sempre fui bem elogiado e agradeço isso a uma excelente professora que tive. Hoje no ramo de engenharia a língua inglesa é indispensável e, trabalhando em uma multinacional como a Mercedes, os relatórios, as apresentações e os programas devem ser todos nesse idioma por se tratarem de projetos globais. Eu acho incrível quando entro em alguma reunião global, com pessoas da Alemanha, Brasil, Turquia ou Índia e todos, independentemente da cultura e região, estão falando o mesmo idioma, apesar de ser uma língua estrangeira para todos. É algo que temos em comum e que nos une. A comunicação no ambiente de trabalho é algo essencial, principalmente trabalhando com projetos globais e, sem o inglês, nada disso seria possível.

Afirmo com certeza que, sem o inglês como segunda língua, não teria conquistado o que tenho hoje, tanto de forma profissional quanto pessoal. O inglês nos ajuda a aprender, a explorar, a conhecer lugares e pessoas novas, é uma língua que quebra barreiras desvendando caminhos a serem explorados diariamente.

ANTÔNIO CARLOS G.

Comecei a trabalhar numa empresa brasileira controlada por uma multinacional holandesa e, por volta de 1978, tive que fazer uma viagem à Holanda pela primeira vez. Nessa época, eu não tinha nenhuma intimidade com a língua inglesa e passei alguns perrengues. Depois de alguns anos, em 1999, a empresa me ofereceu a oportunidade de fazer um intercâmbio na Inglaterra. Estudei em uma escola em Londres e morei na casa de uma família inglesa por um mês. Durante esse período, eu realmente percebi que tive um desenvolvimento relevante no domínio do idioma. Nunca achei que fosse fluente a ponto de conseguir morar em um país de língua inglesa, mas passei a criar confiança e me sentir confortável com o idioma, pois eu conseguia me comunicar com desenvoltura. Eu tinha a capacidade de me apresentar, de dizer o que eu estava fazendo, as minhas expectativas, o que eu estava procurando, entender alguém que viesse até mim para que eu pudesse assessorar ou atender à expectativa dessa pessoa. Esse marco aconteceu praticamente entre os anos de 1999 e 2000. A partir daí, eu comecei a almejar e me tornei mais apto para algum outro tipo de função dentro da empresa. Em 2004, fui convidado para assumir a presidência de uma unidade de uma multinacional japonesa, por indicação dos holandeses, e eu era responsável pela região da América do Sul e América Central. Evidentemente, a razão principal que me levou a essa oportunidade foi a capacidade de me comunicar bem em inglês, não só com pessoas nativas no idioma, mas também com aquelas que utilizavam o inglês como meio para se comunicar. Lembrando que, quando trabalhei na empresa holandesa, o idioma oficial utilizado na companhia para a comunicação era o inglês. Me lembro que quando estávamos entre brasileiros falávamos português, mas quando havia a presença de um outro funcionário estrangeiro, obrigatoriamente tínhamos que mudar para inglês. Então, resumidamente, para sair de uma posição de técnico especializado em uma determinada área e assumir a coordenação geral de uma empresa multinacional, foi essencial ter a capacidade de me comunicar em outra língua. E esse divisor de águas só foi possível quando eu me dediquei a aprimorar a capacidade de me comunicar. O idioma de comunicação internacional é o inglês, e sem ele você acaba ficando impossibilitado de evoluir na sua profissão, em qualquer área.

TATIANA S.

Aprender inglês foi um diferencial enorme na minha vida e na minha carreira. Quando cheguei aqui no Canadá, eu não sabia pedir nem água no avião, muitas vezes passei vontade de comer algo diferente, pois não sabia como pedir. Mas, assim que cheguei, comecei as minhas aulas com a Cinthia, que teve total paciência comigo. Meus primeiros trabalhos foram na limpeza, pois eram os únicos que não exigiam muito falar inglês.

Minha vontade sempre foi voltar a estudar e começar uma carreira promissora aqui.

No começo, era muito difícil, pois me dava dor de cabeça ouvir tanto inglês e não saber falar, mas, aos poucos, as coisas começaram a melhorar. Comecei a estudar em 2015 e em 2018 eu já estava pronta para iniciar a faculdade que eu tanto sonhei. Desde então, consegui mudar de trabalho e fui evoluindo. Em 2017, já me comunicando bem melhor em inglês, consegui um trabalho como recepcionista em uma empresa de brasileiros onde eu precisava usar minhas habilidades em inglês para atender o telefone e enviar emails.

Pouco depois saí desse trabalho, pois iria iniciar o Pathway, um curso de transição que precisei fazer antes de iniciar a faculdade. Nesse curso me surpreendi comigo mesma, pois notei que minhas habilidades na língua já estavam bem mais evoluídas do que as de muitos dos meus colegas. Durante o curso, aprendi mais sobre como escrever redações em inglês, o que era bastante necessário para o futuro dos meus estudos. Finalmente, em setembro de 2018, comecei meu curso de Business Marketing. Em

2019, tive a oportunidade de trabalhar na CN Tower, um dos pontos turísticos mais visitados do Canadá. Outra conquista que só foi possível graças ao meu desenvolvimento no idioma. Em 2021, voltei às aulas particulares com a Cinthia, no intuito de estudar para o teste de inglês exigido pela imigração canadense para o processo de residência permanente. Com muita dedicação passei na prova com notas acima da média, o que me ajudou muito a conseguir o meu "green card" canadense em pouco tempo!

Logo depois, iniciei minha jornada no banco TD, onde fiquei por 9 meses e, depois, comecei a trabalhar em uma empresa de seguros, na qual estou até hoje. Tive a oportunidade de trabalhar em duas grandes empresas de seguros aqui, a Cooperators e atualmente a Desjardins.

Minha carreira continua crescendo e tenho grandes planos para o futuro, graças ao fato de saber me comunicar muito bem em inglês.

EWERTON S.

Até os 20 anos, eu havia estudado inglês no colégio apenas. Quando já estava na faculdade, procurei uma escola particular. Estudei lá por aproximadamente 2 anos e cheguei no nível pré-intermediário. Com 24 anos, fui contratado por uma multinacional e precisei aprimorar o idioma, então comecei com aulas particulares com uma professora contratada pela empresa. Estudei com ela por 12 anos e, em seguida, eu e minha esposa fizemos dois meses de aulas focadas no curso preparatório para o teste

IELTS com uma outra professora antes de nos mudarmos para o Canadá.

Chegando aqui, a primeira empresa em que trabalhei patrocinou um módulo do curso de inglês com a Berlitz com duração de três meses, mas não gostei. Depois, eu e minha esposa começamos a fazer aulas particulares para o preparatório do teste CELPIP (necessário para o nosso processo de residência permanente) com a melhor professora de inglês do Canadá, a Cinthia, e, após o teste, ainda continuamos com as aulas tradicionais com ela para continuarmos aperfeiçoando nossas habilidades ainda mais.

Sentimos a necessidade de continuar investindo no inglês, pois notamos que, ao imigrar, as pessoas te tratam como um nativo e não fazem esforço para se comunicarem de forma clara, ou seja, você precisa se esforçar bastante para compreendê-los e se adaptar aos costumes locais.

Em relação à busca por emprego, como a minha maior experiência profissional no Brasil era em vendas, juntando com minha formação e experiência em automação industrial, vi que esse poderia ser o caminho mais fácil para que eu conseguisse um emprego. Na minha segunda semana no Canadá, comecei a me cadastrar em sites de emprego (Monster, Zip Recruiter, Indeed, LinkedIn e através dos sites das próprias empresas). Após uns três dias, comecei a receber ligações telefônicas e emails me convidando para as primeiras entrevistas (triagens) que sempre levavam em torno de 20-30 minutos. Pude avançar em alguns processos seletivos, pois conseguia me comunicar bem em inglês, mas às vezes sentia falta de vocabulário e precisava improvisar. Após três meses no Canadá, comecei a trabalhar em uma boa empresa, na minha área e em vendas. Depois de um pouco mais de dois anos, pedi demissão e comecei a busca por uma outra oportunidade que me permitiria crescimento. Utilizei novamente as plataformas já mencionadas, mas meu maior foco foi no LinkedIn, pois fiz alguns treinamentos com a plataforma e ganhei bastante experiência com ela. Acredito ter recebido uns 50 convites para participar de processos seletivos e fiz mais de 20 entrevistas num período de 6 semanas. Finalmente recebi uma proposta de trabalho para atuar como Especialista em Automação Industrial, prestando suporte a toda a equipe de vendas. Além de vocabulário do cotidiano e gramática, tenho aprendido, por necessidade, muito vocabulário técnico.

Foi assim o começo da minha jornada no Canadá, muito desafiadora, mas recompensadora. Eu diria que a chave do sucesso foi nunca ter parado de investir no desenvolvimento do idioma inglês, pois qualquer outra habilidade que eu tivesse não teria servido para nada se eu não conseguisse me comunicar de forma clara. Por fim, esse aprendizado foi muito além da vida profissional, pois o inglês também foi primordial no âmbito pessoal, como, por exemplo, para abrir conta bancária, alugar um apartamento, negociar e comprar um carro, contratar um seguro, um financiamento, um plano de telefonia, de inter-net, etc. Posso dizer que se tenho um arrependimento na vida é de não ter investido no idioma quando eu era mais jovem e espero que a minha história sirva de inspiração para aqueles que desejam imigrar para um país de língua inglesa ou trabalhar em uma multinacional.

CLARISSA M.

Eu nunca achei que seria capaz de aprender inglês, pensava que isso não era para mim e entrava em pânico toda vez que tentava falar algo, pois tinha medo de que aquilo soasse estranho. Desde os tempos de colégio até o momento do vestibular, eu fugia do inglês o quanto podia. Tinha medo da reação crítica das pessoas e sentia que não conseguia aprender.

Depois de entrar na faculdade, graças ao fato de poder fazer a prova de idiomas em espanhol, pensei que estava livre desse carma e me senti aliviada. Mal sabia eu que, para ser enfermeira, eu teria que aprender muitas coisas da literatura internacional e que novamente o inglês seria necessário.

Só fui me interessar mesmo em aprender, quando conheci um rapaz nas minhas férias no nordeste em 2015. No nosso segundo encontro, notei que ele estava falando inglês com alguns gringos e fiquei admirada.

No ano seguinte, me matriculei num curso de inglês intensivo, perdi alguns traumas e comecei a entender um pouquinho até concluir o curso. Infelizmente, depois disso nunca mais pratiquei e acabei esquecendo tudo!

Mas eis que aquele amor de verão virou namoro e aos poucos ele foi me contando sobre o Canadá! Ele tinha feito intercâmbio em 2013 e sonhava em voltar, vinha planejando isso desde sua volta ao Brasil. No trabalho dele, o inglês era essencial, ele tinha que se comunicar com os clientes durante as reuniões. Ele vivia numa semi-imersão, mesmo morando no Brasil, e eu achava loucura essa ideia de morar fora, pois eu tinha uma carreira na enfermagem.

Não me imaginava largando tudo o que construí com tanta dificuldade para me aventurar num lugar em que nem a língua eu sabia falar. Sem chance! Nesse tempo eu era uma enfermeira apaixonada, otimista e crente que poderia revolucionar a enfermagem brasileira. Mas, em 2018, após 5 anos de profissão, sendo vítima de humilhação, falta de reconhecimento, entre outras decepções, comecei a desistir de ser enfermeira no Brasil. Foi assim que resolvi tomar coragem e decidi aceitar a proposta do meu namorado e nos casamos e nos mudamos para o Canadá. Chegamos aqui em dezembro de 2019. Eu com um inglês básico e um medo absurdo de falar.

Recomeçar uma vida em um outro país não é fácil e nem barato. Fui muito dependente do meu marido no início e isso foi muito difícil para mim, pois no Brasil eu tinha dois empregos e quase nunca ficava em casa.

Comecei um cursinho de inglês e conheci uma brasileira que me indicou um grupo de empregos para brasileiros. Através desse grupo, consegui alguns trabalhos na área da limpeza, mas pelo menos conseguia me sustentar, já que nessa época meu marido estava cursando uma faculdade e não podia trabalhar por muitas horas. Sem inglês, minhas chances de conseguir algo melhor eram mínimas. Passei por umas situações embaraçosas pela falta de habilidade em me comunicar. Minha futura chefe me ligou e disse que eu precisava ter inglês intermediário para conseguir evoluir. Através disso eu encontrei motivação para retomar os meus estudos e continuar minha luta para aprender esse idioma tão necessário na vida de um imigrante no Canadá. Estava há tão pouco tempo aqui, mas o suficiente para perceber que viver neste país seria a minha melhor oportunidade para prosperar na vida.

Depois disso, senti necessidade de voltar a estudar e me matriculei em uma escola de inglês. Pouco a pouco senti uma melhora e me esforçava para tentar conciliar os estudos com o trabalho. Eu não imaginava que o desafio de aprender inglês, já vivendo aqui, seria tão intenso. Foi então que, por conta do início da pandemia do coronavírus, passei a ter aulas on-line, mesmo sem preferir, devido à minha dificuldade, mas era a minha única possibilidade naquele momento e eu não podia desistir. Afinal, já estava cansada e queria sair da limpeza. Como já conseguia me comunicar melhor, consegui um emprego em uma loja de varejo, a Dollarama, e passei a ter mais contato com o público. Foi alí que ganhei mais confiança e conheci pessoas que me indicaram os caminhos para aperfeiçoar ainda mais o meu inglês e continuar nos meus estudos, a fim de poder trabalhar na área da saúde em solo estrangeiro.

Como nessa época de pandemia, o Canadá, assim como outros países, estava passando por um momento difícil na área da saúde, houve uma grande demanda por cuidadores de idosos e enfermeiros. Foi aí que eu me arrisquei e resolvi tentar uma vaga no mercado.

Fiz uma entrevista para uma vaga de cuidadora pelo telefone e, apesar da minha insegurança, me saí bem e fui contratada. Passei por um treinamento bastante desafiador e, com muito esforço, aprendi com os ensinamentos e me tornei uma profissional ainda mais qualificada. Me senti confiante e valorizada e passei a aproveitar cada momento de aprendizado durante o trabalho com meus pacientes canadenses e a mergulhar na cultura cada vez mais.

Com muita determinação, trabalhei nos dois empregos enquanto continuava com as minhas aulas de inglês. Foi então que, um belo dia, fiquei sabendo que meu trabalho como cuidadora poderia me ajudar a acumular a pontuação necessária para acelerar nosso projeto de imigração. A cereja do bolo era passar em um teste de proficiência em inglês e, como eu não tinha tempo a perder, concentrei todas as minhas energias nesse plano. Foi aí que eu conheci a Cinthia, através da indicação de um colega de trabalho, e passamos a estudar para a prova. Em poucos meses consegui atingir a nota necessária e me surpreendi de tanta alegria. Senti uma mistura de alívio e orgulho de mim mesma! Boa parte daquela insegurança que eu tinha em relação à minha capacidade de aprender inglês finalmente foi embora!

Continuei as aulas on-line e comecei a gostar de aprender, o inglês estava se tornando prazeroso para mim. Pecebi que eu era capaz de fazer o que eu quisesse e, em setembro de 2021, consegui completar as horas necessárias e me tornar elegível para requerer a residência permanente. Fiquei muito feliz com essa conquista, já que nunca imaginava que um dia eu me tornaria a requerente principal do nosso processo de imigração devido à minha falta de habilidade com o idioma no início. No final do ano, após a conquista da residência permanente, larguei meu emprego na Dollarama e me dediquei à busca de melhores oportunidades na área da saúde.

Finalmente, após 6 meses consegui uma vaga no setor de transporte de pacientes em um dos maiores hospitais de Toronto. Que bom que eu não desisti.

Foram muitos pequenos passos que me fizeram chegar até aqui e o mais importante deles começou lá atrás, quando eu tentei aprender inglês.

LÍBER A.

Filho de pai brasileiro e mãe argentina cresci falando duas línguas, espanhol e português. Acho que é por isso que desde muito jovem fui motivado a aprender inglês e morar no exterior. Há alguns anos tive a oportunidade de morar e trabalhar na Europa. Naquela época, percebi que eu não era tão bom no meu inglês falado, então tive que buscar um professor para praticar. Conheci a Cinthia e, desde então, pratico a língua on-line todas as semanas e consegui aperfeiçoar todos os aspectos do meu novo idioma.

Foi assim que consegui realizar meu sonho, atualmente estou morando na Irlanda com minha família e trabalhando remotamente para uma empresa internacional com profissionais que falam inglês nativo com diferentes sotaques. Sinto que agora não tenho limites, pois posso viver e trabalhar em qualquer lugar e me comunicar com o mundo inteiro. Além disso, conheci pessoas incríveis que jamais conheceria, saí da minha zona de conforto, entendi que o mundo é muito grande e que as possibilidades são infinitas, isso me gera um sentimento de liberdade. Por fim, se alguém me pedisse um conselho, eu diria o seguinte: não fique onde está, não se acomode e saia da sua zona de conforto, aprenda um segundo idioma e viaje pelo mundo, existem muito mais oportunidades por aí do que você pode imaginar.

KARINY D.

Quando cheguei no Canadá o medo tomava conta de mim, eu estava sozinha, cheia de sonhos e não falava absolutamente nada de inglês, porém, tinha uma vontade imensa de crescer e assim começou minha longa caminhada. Comecei com serviços "braçais", assim como todo imigrante que não domina o idioma, trabalhando na limpeza alguns anos, pois eu precisava de um emprego para poder pagar minhas despesas e ajudar minha família no Brasil.

Depois comecei a fazer aulas particulares e tive o prazer de conhecer minha professora, Cinthia, que tanto me ajudou e continua ajudando até hoje nessa batalha diária com o idioma. Decidi não trabalhar mais com brasileiros para realmente me expor à língua e sair da minha zona de conforto, porém eu sabia que receberia menos dólares por essa minha escolha, mas, no final, seria recompensada pelo investimento de tempo e dinheiro futuramente. Trabalhei servindo comida em eventos como garçonete em pontos turísticos da cidade, como museus, casamentos, boates e na organização de eventos na Universidade de Toronto. Após adquirir confiança no trabalho, me ofereceram uma vaga em uma cafeteria dentro da universidade e sinceramente achei que meu inglês não seria suficiente para realizar o trabalho, mas, mesmo com medo, resolvi me arriscar e senti que meus chefes confiavam mais em mim do que eu mesma.

Ao mesmo tempo, eu estudava no high school para adultos e trabalhava sem falar português, pois isso era tudo que eu almejava naquela época. Me senti tão orgulhosa por essa conquista, porque além de conciliar o trabalho apenas falando inglês, ao mesmo tempo eu estudava apenas com imigrantes e, apesar de ganhar menos, estava feliz com minhas escolhas. Foram tantos perrengues nessa caminhada, mas a sensação de depender cada vez menos das pessoas era maravilhosa.

Alguns anos se passaram, meu inglês foi melhorando e novas oportunidades foram surgindo. Apesar disso, sei que eu ainda preciso melhorar muito meu inglês para me sentir totalmente capaz e poder resolver qualquer situação sozinha, além de ajudar outras pessoas como eu, que passam por problemas por terem um inglês limitado.

Esse momento ainda não chegou, mas vai chegar em breve, afinal, acredito em uma frase que está sempre em minha mente "Step by step" (Um passo de cada vez).

Atualmente falo inglês muito bem e consegui realizar sonhos que jamais imaginava ser capaz de realizar. Passei nos testes de proficiência necessários e me tornei cidadã canadense. Sempre achei que eu não seria capaz de realizar esse sonho por causa do inglês, mas consegui! Hoje estou a caminho de concretizar algo que eu nem imaginei para mim, uma graduação no Canadá, em outro idioma, algo que eu pensava que nunca seria capaz. O que o inglês pode fazer nas nossas vidas é algo inacreditável e sei que quanto mais eu melhorar minhas habilidades na língua mais coisas irei realizar.

Existe um leque de oportunidades para quem sabe se comunicar e para quem realmente se esforça para aprender. Hoje eu penso em tudo o que aconteceu comigo e me lembro do quanto o inglês mudou a minha vida e de toda a minha família. Dentro do meu coração e da minha mente existem muitos sonhos e sei que quanto mais eu aprender inglês mais perto de realizá-los eu estarei.

ALGUNS FAMOSOS QUE TIVERAM MAIS SUCESSO PORQUE FALAM INGLÊS

SHAKIRA
(CANTORA)

Como todos sabem, a Shakira é uma superestrela global e estourou na cena musical inglesa com seu primeiro hit, "Whenever, Wherever", em 2001. Seu primeiro álbum em inglês, "Laundry Service", vendeu mais de 13 milhões de cópias como resultado de seu trabalho duro aprendendo inglês e trabalhando com sua mentora, Gloria Estefan.

A cantora nasceu em Barranquilla, Colômbia, em 2 de fevereiro de 1977. Quando criança, adorava ouvir todos os tipos de música, principalmente rock and roll inglês, colombiano e libanês.

Shakira começou a escrever suas próprias músicas aos 8 anos e já estava ganhando concursos aos 10. Aos 13, mudou-se para Bogotá na esperança de conseguir um contrato como modelo – em vez disso, acabou assinando com a gravadora e seu primeiro álbum saiu em 1991, apresentando apenas canções espanholas.

Pouco depois de seu segundo álbum, ela decidiu assinar com Emilio Estefan (marido de Gloria Estefan, também uma cantora famosa) como seu empresário. Quando Gloria Estefan se ofereceu para traduzir algumas de suas músicas em espanhol para o inglês, Shakira percebeu que queria aprender o idioma – assim ela poderia ter controle total sobre suas composições.

Seu álbum de estreia em inglês, "Laundry Service", foi lançado no final de 2001. Ele rapidamente subiu nas paradas nos Estados Unidos, alcançando o triplo de platina. Shakira fez uma turnê global e os ingressos para os seus shows rapidamente esgotaram em todas as cidades que ela visitou.

Por que ela foi tão bem-sucedida?

Shakira é uma celebridade muito determinada e trabalhadora. Ela veio de uma família pobre e foi capaz de se tornar bem-sucedida por estar no controle de sua carreira.

A principal razão pela qual ela aprendeu inglês tão bem é porque ela estava motivada para isso.

Ela tinha um objetivo claro – ela queria escrever suas próprias músicas nessa língua para seu novo álbum. Em entrevista à MTV, ela diz: "Eu tinha a necessidade e a urgência de expressar ideias, sentimentos, pensamentos. Eu tive que expressar todas essas experiências pelas quais eu estava passando em outro idioma".

Embora fosse provavelmente um desafio, às vezes, ela estava determinada a fazê-lo funcionar. Ela estava disposta a trabalhar duro para escrever suas próprias músicas e a se esforçar por horas para criar até que estivesse satisfeita. Ela trabalhou com um tutor para aprender como funcionava a gramática inglesa. Shakira leu "Leaves of Grass", de Walt Whitman e outras obras de literatura para entender o inglês escrito, pois ela sabia que precisava escrever bem para se expressar bem.

Depois disso, ela percebeu a importância da língua inglesa em sua vida e acabou se dedicando mais ao aprendizado
do idioma, a ponto de se tornar fluente. Além do inglês,
Shakira também é fluente em espanhol, árabe e português.

SOFIA VERGARA
(ATRIZ E MODELO)

Enquanto muitos dos imigrantes mais famosos da
América chegaram ao país durante a infância, Sofia Vergara
só fez sua mudança aos 26 anos – muitos anos depois de já
ter iniciado uma carreira de sucesso como modelo e atriz
em seu país natal, a Colômbia. Ela cresceu na Colômbia
com cinco irmãos e irmãs e sua língua nativa é o espanhol.

Sofia aprendeu inglês desde cedo em uma escola bilíngue e seu talento para o idioma fez com que ela deixasse
de ser uma estrela em seu país natal para ser uma superestrela nos EUA.

Antes de ser a famosa morena bombástica que conhe-
cemos hoje, Vergara foi estudante de uma universidade
colombiana, onde passou três anos seguindo a carreira de
odontologia. Mas tudo mudou quando ela foi descoberta
na praia por um fotógrafo local e começou a receber ofertas
para modelar e atuar na televisão. Sua primeira grande
chance foi em um comercial para a Pepsi, depois ela começou a trabalhar em um programa de viagens em espanhol
chamado "Fuera de Serie" (Fora de Série), durante o qual
o público americano teve um de seus primeiros grandes
vislumbres dela. Em 1998, Sofia e sua família se muda-

ram para Miami e ela começou a trabalhar em um reality show da Univision intitulado "You Don't Dare" (Não se Atreva). Foi cerca de 15 anos depois que ela conseguiu seu famoso papel em Modern Family, atuando como a hilária personagem Gloria Delgado-Pritchett.

HENRIQUE IGLESIAS
(CANTOR)

Popularmente conhecido como o Rei do Pop Latino, Enrique Iglesias seguiu os passos de seu pai, o cantor espanhol Julio Iglesias. Nasceu em 8 de maio de 1975, em Madrid, Espanha, como Enrique Miguel Iglesias Preysler. Então mudou-se para Miami com seu pai aos 9 anos e começou a aprender inglês.

Em 1999, ele se aventurou no mercado fonográfico anglófono com sucesso. O hit "Bailamos" ficou em primeiro lugar nas paradas de sucesso e também está na trilha sonora oficial do filme "As Loucas Aventuras de James West". Ele também assinou com empresas para lançar álbuns em espanhol e em inglês, tornando-se uma das maiores estrelas da América Latina e dos Estados Unidos.

PENÉLOPE CRUZ
(ATRIZ E MODELO)

A atriz e modelo Penélope Cruz nasceu em Madrid, na Espanha, em 28 de abril de 1974. Penélope sempre gostou de atuar. Iniciando como uma aspirante a bailarina, ela logo se mudou para o teatro e começou a ganhar papéis na TV espanhola. Ela é conhecida por seus papéis em "Piratas do Caribe", "Seu Marido e Minha Mulher" e "Vicky Cristina Barcelona", de Woody Allen, pelo qual foi a primeira atriz espanhola a ganhar o Oscar de Melhor Atriz Coadjuvante.

A estreia dela como atriz aconteceu aos 15 anos, quando ela estava no videoclipe de "La Fuerza del Destino", música do grupo pop da Espanha, "Mecano". Isso logo se transformou em um show de apresentação de televisão e, eventualmente, em papéis em longas- metragens, incluindo "Jamón, Jamón", um filme espanhol também com o ator Javier Bardem, que ganhou sua fama internacional e entrevistas com jornais e programas de televisão americanos.

A primeira língua de Penélope é o espanhol, mas ela também fala inglês muito bem. Ela começou a aprender o idioma mais tarde e admite que sabia pouco, praticamente só o mínimo para atuar com suas falas, quando se mudou para os EUA, aos 20 anos.

Naquela época, Penélope mudou-se para Nova York para desenvolver sua carreira de atriz. Lá, ela continuou estudando balé e também começou a estudar inglês para ter mais sucesso com os agentes de elenco dos EUA.

Ela começou a aprender mais sobre o idioma depois que assinou seu primeiro contrato com um filme americano, "The Hi-Lo Country", em que atuou ao lado de Billy Crudup. No ano seguinte, aos 25 anos, se mudou mais uma vez, dessa vez para Hollywood.

Estrelando o remake americano de "Open Your Eyes",

Penélope não apenas conquistou Tom Cruise, mas também uma enorme nova base de fãs americanos. Também conhecida como a Madona de Madri, sua aparência cativante, bem como seu sotaque espanhol deliciosamente exótico, fizeram dela uma das atrizes mais procuradas do ramo. Hoje ela mora em Los Angeles com seu marido, Javier Bardem, tornando-os um verdadeiro casal poderoso quando se trata de falantes não nativos que conquistaram Hollywood. Em 1º de abril de 2011, ela foi a primeira atriz espanhola a receber uma estrela na calçada da fama de Hollywood.

Até hoje, Penélope ainda tem alguém para ajudá-la com seu inglês. No início de sua carreira, ela aprendeu scripts foneticamente e gradualmente construiu seu vocabulário. Mesmo que ela seja capaz de conduzir entrevistas no idioma e se comunicar fluentemente, ela ainda tem um professor para praticar com ela. Quando não está trabalhando em filmes, ela continua estudando inglês para melhorar suas habilidades.

Penélope Cruz fez questão de memorizar seus roteiros e frases importantes que eram cruciais para seu trabalho. Mesmo quando ela não sabia o que certas palavras significavam, ela sabia lê-las foneticamente e trabalhou duro para transmitir as emoções certas durante as filmagens. Ela sempre treina para cada papel e conta com a ajuda de um profissional especializado no set para ajudá-la com a pronúncia e o sotaque.

Apesar do sucesso e da sua habilidade com o idioma, Penélope Cruz admite em entrevistas que cometeu muitos erros ao falar inglês. Alguns erros que ela afirma serem tão embaraçosos que ela aprendeu da pior forma, pagando altos micos, mas nada disso foi uma barreira para que ela parasse de estudar.

ANTONIO BANDERAS
(ATOR)

Antonio Banderas é conhecido por seus papéis em "A Máscara do Zorro", em "Desperado", em "Os Mercenários 3" e em "Pequenos Espiões", além de ser a voz do Gato de Botas, na franquia "Shrek". Ele nasceu em 10 de agosto de 1960 em Málaga, Espanha, e se tornou um dos atores espanhóis mais respeitados de Hollywood.

Antes de se mudar para os EUA, em 1991, ele falava muito pouco inglês quando cruzou o oceano para aparecer ao lado de Madonna em "Truth or Dare". Manter sua identidade espanhola em vez de tentar encobrir seu sotaque significava que ele tinha grande demanda por papéis hispânicos, bem como papéis no cinema em sua terra natal. À medida que a população hispânica nos EUA continuou a crescer, e ainda cresce, a popularidade de Antonio também cresceu.

Antonio lutou no início de sua carreira no showbiz, tendo que aprender inglês como meio de comunicação. O sucesso veio quando ele aprendeu a língua foneticamente para o seu primeiro filme de Hollywood, "Os Reis do Mambo", em 1992.

RICKY MARTIN
(CANTOR, ATOR E COMPOSITOR)

Ricky Martin é um cantor, compositor e ator porto-riquenho. Ele é conhecido por sua versatilidade musical, pois sua discografia abrange vários gêneros, incluindo pop latino, pop, dance, reggaeton e salsa. Apelidado de "Rei do Pop Latino", de "Rei da Música Latina" e de "Deus do Pop Latino", ele é considerado um dos artistas mais influentes do mundo. Nascido em San Juan, Martin começou a aparecer em comerciais de televisão aos 9 anos de idade e começou sua carreira musical aos 12 anos, como membro da boy band porto-riquenha "Menudo". Iniciou sua carreira solo em 1991, na Sony Music México, ganhando reconhecimento na América Latina com o lançamento de seus dois primeiros álbuns de estúdio, "Ricky Martin" (1991) e "Me Amaras" (1993), ambos focados em baladas. O terceiro álbum de Martin, "A Medio Vivir" (1995), o ajudou a ganhar destaque nos países europeus. O single "María", que ficou no topo das paradas, incorporou uma mistura de gêneros musicais latinos e se tornou seu primeiro hit mundial. Seu sucesso internacional se solidificou ainda mais com seu quarto álbum, "Vuelve" (1998). O álbum, que lhe rendeu seu primeiro Grammy, gerou sucessos no topo das paradas com "Vuelve" e "La Copa de la Vida". Seu primeiro álbum em inglês, "Ricky Martin" (1999), tornou-se seu primeiro número um na Billboard 200 dos EUA. O primeiro single "Livin' la Vida Loca" é considerado o maior sucesso de Martin, liderando a Billboard Hot 100 e a UK Singles Chart. O sucesso de

Martin no final dos anos 90 é geralmente visto como o início da "explosão latina". Ele foi creditado por levar o gênero da música pop latina ao reconhecimento do mainstream, abrindo caminho para um grande número de artistas latinos alcançarem o sucesso global.

O cantor porto-riquenho compartilhou que, durante sua época no grupo "Menudo", passava muito tempo assistindo a filmes e programas de televisão em inglês para aprender o idioma. Para ele, isso foi o que mais o ajudou na pronúncia.

Ele também acumulou muitos singles de sucesso e músicas no topo das paradas, incluindo "She Bangs", "Nobody Wants to Be Lonely", "Tal Vez", "Tu Recuerdo", "La Mordidita", "Vente Pa' Ca" e "Canção Bonita". Como ator, Martin ganhou popularidade e estrelato por seu papel na novela de sucesso "General Hospital" (1994–1996), enquanto sua interpretação de Antonio D'Amico em "The Assassination of Gianni Versace: American Crime Story" (2018) marcou a oportunidade de atuação de sua carreira, rendendo-lhe uma indicação ao Emmy. Ele também estrelou como Che no revival da Broadway do musical "Evita", em 2012, que quebrou o recorde de vendas de bilheteria do teatro sete vezes.

Tendo vendido mais de 70 milhões de discos em todo o mundo, Ricky Martin é um dos artistas de música latina mais vendidos de todos os tempos. Ele marcou 11 canções número um da Billboard Hot Latin Songs e ganhou mais de 200 prêmios, além de um "Guinness World Records" e uma estrela na Calçada da Fama de Hollywood.

O primeiro single do álbum "Livin' la Vida Loca" (traduzido para o inglês "Livin' the Crazy Life") liderou as paradas em mais de 20 países e é considerado o maior sucesso do cantor e um dos singles mais vendidos de todos os tempos. Para promover ainda mais "Ricky Martin", ele embarcou na turnê mundial "Livin' la Vida Loca", que foi a turnê de maior bilheteria de 2000 por um artista latino nos EUA.

RODRIGO SANTORO
(ATOR)

Um dos atores brasileiros mais famosos internacionalmente, Rodrigo Santoro é um ótimo exemplo de que ter o inglês na ponta da língua, faz total diferença. Sua primeira aparição em Hollywood foi em 2003, quando surgiu descamisado em uma cena de "As Panteras: Detonando". Apesar de não ter tido a chance de mostrar o seu inglês em cena naquele filme, no mesmo ano ele também fez uma ótima pontinha na comédia romântica "Simplesmente Amor". Em seus anos de carreira em Hollywood, Santoro já leva em seu currículo alguns bons papéis como a participação na série "Lost", em 2006; no filme "O Golpista do Ano", em 2009, com Ewan McGregor; no mais recente remake de "Ben-Hur", em 2016, interpretando ninguém menos que Jesus; na série "Westworld", da HBO; além da famosa franquia "300", interpretando o imperador Xerxes. Inclusive, o ator já até participou de campanha de curso de inglês. Porém, sabe o que é mais curioso? Ele mesmo já afirmou em entrevista que só começou a aprender mesmo inglês depois dos 20 anos! E mais: que até hoje sente certa dificuldade com a língua, mesmo depois de tantos papéis importantes. Acredita?

CÉSAR MILLAN
(APRESENTADOR E TREINADOR DE CÃES)

Muito antes de ser o encantador de cães mais conhecido da América, César Millan era conhecido como El Perrero, ou "o pastor de cães". O nome foi dado a ele devido ao seu talento natural para trabalhar com cães, um talento que ele pôde mostrar bastante enquanto trabalhava com animais na fazenda em Culiacán, uma cidade em Sinaloa, no México, onde seu avô era arrendatário. Foi só aos 13 anos e morando em Mazatlan – outra cidade no estado de Sinaloa, no noroeste do México – que ele percebeu que queria dedicar sua vida ao trabalho com cães. E em dezembro de 1990, aos 21 anos, César Millan cruzou ilegalmente a fronteira Mexicana, em Tijuana, para os Estados Unidos, levando consigo apenas US$ 100 e o sonho de uma vida melhor.

Como muitos imigrantes famosos antes dele, César Millan não falava inglês quando chegou aos Estados Unidos. Seus primeiros meses lá foram como sem-teto, em San Diego, Califórnia, antes de Millan conseguir um emprego como tosador e passeador de cães. Foi através desse trabalho que ele conheceu a atriz Jada Pinkett Smith, que se tornou uma amiga para a vida toda e que o conectou a alguém que poderia lhe ensinar inglês. Ele se tornou o maior treinador de cães e comportamentalista do mundo, eventualmente estrelando "The Dog Whisperer" (O encantador de cães), no National Geographic Channel.

Atualmente ele continua a se destacar no mundo do treinamento de cães e, em 2017, lançou um livro de memórias intitulado "Cesar Millan's Lesson's from the

Pack: Stories of the Dogs Who Changed My Life" (As Lições da Matilha de César Millan: Histórias dos Cães que Mudaram a Minha Vida).

GISELE BÜNDCHEN
(MODELO)

A mais top das top models é mais um exemplo de alguém que teve que usar muito o inglês a seu favor! Aquela que já dominou as passarelas mais famosas do mundo, já estampou as revistas mais badaladas e fez as mais importantes campanhas publicitárias, não só é referência em beleza feminina como também arrasa no inglês! Sua profissão exige e muito que se fale o idioma, sendo assim, ela se dedica de corpo e alma à profissão, além de usar a língua em diversos eventos internacionais que ela participa em sua vitoriosa carreira.

A modelo brasileira mais famosa do mundo teve que se virar sozinha no inglês desde os seus 16 anos, quando se mudou para os Estados Unidos com o sonho de se tornar modelo internacional. Ela sabia que a fluência seria de extrema importância para a sua carreira e teve que aprender na marra.

WAGNER MOURA
(ATOR E DIRETOR)

Após o sucesso estrondoso de crítica e bilheteria pelo seu trabalho como Capitão Nascimento em "Tropa de

Elite", Wagner Moura mal sabia que a sua carreira internacional alavancaria tanto assim. Como não poderia deixar de ser, o inglês teve importância fundamental para essas novas conquistas.

Ao estrear seu primeiro personagem em filme estrangeiro no longa "Elysium", em 2013, Wagner Moura já mostrou que não passa vergonha falando inglês. Nesse mesmo filme, ele interpreta com gigantes do cinema como Matt Damon e Jodie Foster.

Algum tempo depois, foi a vez de dar vida ao traficante colombiano Pablo Escobar, na série original da Netflix, "Narcos". O ator, inclusive, teve que se mudar para a cidade de Medellín, onde o seu personagem viveu, alguns meses antes do início das filmagens.

Tudo isso só para nivelar o seu espanhol e ficar mais seguro com a língua. Mesmo assim, muitos criticaram o seu sotaque carregado e nada natural.

Em contrapartida, no inglês, o ator até que se sai muito bem, tanto na pronúncia quanto na fluência. É até bem difícil reparar nas suas origens baianas.

A boa fluência no idioma foi tanta que até o diretor Neil Blomkamp, que trabalhou com ele em "Elysium", elogiou a boa performance do brasileiro. O mais legal nisso tudo é que o ator já declarou em entrevistas que nunca morou nem estudou no exterior. Prova de que é possível aprender a se comunicar bem em inglês sem precisar fazer intercâmbio ou morar fora.

Além de "Elysium", o baiano também fez "Rio, Eu Te Amo" e "Praia do Futuro", em parte ambientado na capital alemã. Depois de estrear em "Narcos", mesmo sem saber falar espanhol, ele investiu ainda mais nos estudos e já é um dos brasileiros mais conhecidos mundialmente na atualidade. Apesar de ter encerrado sua participação como Pablo Escobar, certamente Moura tem futuro na carreira internacional.

AYRTON SENNA
(AUTOMOBILISTA)

O grande ídolo Ayrton Senna sempre foi acostumado a dar muitas entrevistas em inglês durante a sua carreira. Ele falava três idiomas além do português: inglês, espanhol e italiano.

Se você não é fã de Fórmula 1, talvez desconheça o fato de que na categoria a língua oficial é o inglês, assim sendo, todos os pilotos da categoria precisam ser fluentes no idioma e com o dedicado Senna não era diferente, ele dominava o idioma.

O saudoso piloto de Fórmula 1 falava muito bem o inglês. Os motivos são óbvios – ele trabalhava em equipes de corrida internacionais, os engenheiros eram britânicos, italianos, americanos e de muitas outras nacionalidades.

Como ele aprendeu a língua? Entre 1971 e 1977, ele estudou no Colégio Rio Branco, patrimônio da Fundação de Rotarianos de São Paulo, onde suas médias anuais em inglês variaram de 5,12 (no então segundo ano do 2º Grau) a 8,60 (na chamada 5ª série do 1º Grau).

ALICE BRAGA
(ATRIZ)

Sua exposição ao mundo da atuação veio quando ainda era criança. Sua mãe, Ana Braga, e sua tia, Sônia Braga, são atrizes e Alice quase sempre ia com elas aos sets de filmagens. Ela começou sua carreira em peças de teatro e comerciais. Já adolescente começou a buscar papéis em televisão e filmes. Além da sua língua materna, o português, a atriz também é fluente em espanhol e inglês. Alice Braga fez sua estreia em filmes estrangeiros em 2006. Em 2007, ela foi escalada ao lado de Will Smith no filme "Eu Sou a Lenda". Alice é, sem dúvida, um exemplo de uma das atrizes brasileiras que mais deu certo em Hollywood. Inclusive, ela também atuou junto com Wagner Moura em "Elysium" (2013).

Com apenas 34 anos de idade, Alice Braga já havia participado de várias produções internacionais como "Cinturão Vermelho" (2008), junto com Rodrigo Santoro e, "Predadores" (2010). Recentemente ela esteve presente nas séries "Queen of the South" e "A Cabana".

Para ela, o inglês sempre esteve presente em sua vida, já que, desde criança, ela tinha aulas na escola, mesmo indo a contragosto. A atriz já confessou em entrevistas que foi muito relutante no começo com o idioma, pois achava-o muito complicado.

Hoje, ela agradece todos os dias ao seu pai por tê-la incentivado a continuar nos estudos. Sem sombra de dúvidas, muito do que ela conquistou como atriz atualmente foi devido ao seu alto conhecimento na língua inglesa.

Quando foi escalada para "Eu Sou a Lenda", a atriz declarou que ficou em pânico por ter que interpretar em inglês. Ela disse que trabalhou bastante nas falas com um professor de pronúncia, para que tudo saísse nos trinques. E ela conseguiu! O desempenho dela no filme foi excelente, assim como na entrevista que ela deu para divulgar seu trabalho.

CLÁUDIA LEITTE
(CANTORA)

Há muitos anos, a cantora já canta em inglês e um dos primeiros flertes dela com a música internacional foi a parceria que ela fez com Pitbull e Jennifer Lopez em "We Are One (Ole Ola)", que se tornou a música oficial da Copa do Mundo de 2014.

Para se apresentar na abertura do evento ao lado das estrelas internacionais, Cláudia Leitte percebeu a necessidade de se comunicar com o restante do mundo. Embaixadora da Copa em uma era globalizada, Claudinha resolveu deixar as férias de lado e fazer um intercâmbio de três semanas para aperfeiçoar seu domínio da língua inglesa e, assim, representar o Brasil com mais fluência e confiança. "Por vivermos num mundo globalizado, existe uma necessidade enorme de nos relacionarmos, para que consigamos compreender os demais e também sermos compreendidos. Além disso, convivemos com outras pessoas e a comunicação é a chave de tudo", explicou a musa do mundial em uma entrevista à revista Cláudia.

Atualmente, a cantora assinou um contrato com a Roc Nation (gravadora) e foi para os Estados Unidos onde tem muitos novos projetos.

MAISA SILVA
(APRESENTADORA)

A menina prodígio do SBT, que ficou famosa apresentando o programa matinal "Bom Dia & Cia", não poderia ficar de fora desta lista. Afinal, ela é um bom exemplo do quanto o inglês pode ser algo essencial também para os jovens!

Sua carreira começou quando ela ainda tinha 3 anos, após ser descoberta no "Programa Raul Gil", dublando artistas famosos e fazendo apresentações. Em seguida, ela foi transferida para o SBT e, na emissora do dono do Baú, fez o seu nome, apresentando programas infantis como o "Sábado Animado" e o conhecido "Bom Dia & Cia". Após isso, iniciou sua carreira de atriz no remake da novela "Carrossel", lançou livro, se jogou na carreira de cantora e até começou um canal no YouTube, intitulado "Maisera".

Inclusive, foi devido ao grande sucesso do seu próprio canal no YouTube – com mais de 3 milhões de inscritos – que ela teve a oportunidade de conhecer alguns famosos internacionais e mostrar todo o seu conhecimento de inglês fazendo o papel de entrevistadora. A apresentadora conta em uma entrevista à revista Elle que estuda a língua desde os 5 anos de idade. Após se formar numa escola de idiomas com apenas 13 anos, ela diz que consegue manter o seu inglês assistindo a filmes e séries e viajando, atualmente.

PELÉ E CRISTIANO RONALDO
(JOGADORES DE FUTEBOL)

O rei do futebol, Pelé, também era fluente no inglês. Ele foi uma pessoa que viajou por muitos países do planeta e se apresentou para autoridades diversas. O inglês sempre foi obrigatório para o ex-jogador e empresário, Edson Arantes do Nascimento, assim como outros jogadores famosos que tiveram que aprender o idioma para se destacarem e se comunicarem pelos países que viajaram.

O mesmo aconteceu com Cristiano Ronaldo. Tendo vivido seis anos na Inglaterra, enquanto jogava pelo Manchester United, Ronaldo aprendeu a falar a língua fluentemente e mantém essa habilidade até os dias de hoje. Ele também é fluente em espanhol e se arrisca em italiano e até em árabe.

SEU JORGE
(CANTOR, ATOR E COMPOSITOR)

Seu Jorge, um dos maiores artistas brasileiros, começou sua carreira como cantor e compositor e acabou descobrindo seu talento no cinema após alguns anos. Além do seu sucesso na música, ele participou também em diversos filmes em sua carreira, como "Cidade de Deus", "The Life Aquatic", "Tropa de Elite 2", "The Escapist", "E aí... Comeu?", entre outros.

Já cantou em inglês e em italiano e disse que, nos intervalos entre turnês, ele gravará um próximo disco, voltado para o público americano, mas ainda sem previsão de lançamento. Além disso, Seu Jorge se considera poliglota já que também é fluente em francês.

Em janeiro de 2013, Seu Jorge decidiu mudar-se junto com sua família para Los Angeles, com o intuito de se dedicar mais à carreira de ator. Diz que Los Angeles "é a meca da indústria do entretenimento, onde tudo acontece". Sem dúvida isso tudo não teria sido possível se ele não falasse inglês fluentemente.

CARLOS SALDANHA
(CINEASTA)

A carreira do cineasta brasileiro, Carlos Saldanha, sempre foi associada às animações, desde que codirigiu com Chris Wedge o primeiro "A Era do Gelo" (2002) e, depois pegou a direção das continuações "A Era do Gelo 2" e "A Era do Gelo 3". Tudo isso antes de começar o seu maior projeto pessoal até então: a franquia de filmes "Rio".

E o aprendizado da língua inglesa, surgiu quando? Segundo Saldanha, ele começou a estudar o idioma desde criança, na escola, e depois em cursos. A fluência foi consequência do processo e ela foi adquirida sem ele nunca ter viajado para o exterior!

Tal fluência foi fundamental para a conquista do seu primeiro emprego, aos 18 anos, em uma multinacional. Na época, o trabalho era todo feito em inglês e isso o ajudou a aperfeiçoar ainda mais o idioma.

Para ele, ter ido aos EUA pela primeira vez já fluente

na língua ajudou muito na sua integração e adaptação ao mercado de trabalho americano. Com toda a certeza, falar o idioma desde cedo foi algo imprescindível para a conquista do lugar em que ele está hoje.

RUBENS BARRICHELLO
(AUTOMOBILISTA)

Como parte da nossa lista, está alguém que muitos nem fazem ideia do quão bem ele fala inglês (e do quanto a língua também foi importante para ele como profissional).

Obviamente, a Fórmula 1 é a modalidade mais avançada do automobilismo mundial. Logo, é praticamente impossível fazer parte dela sem ter o conhecimento avançado da língua inglesa, pois é preciso se comunicar a todo momento com estrangeiros.

Algumas pessoas podem até criticar o nosso Rubinho pelo seu desempenho nas pistas, mas devemos concordar que quando o assunto é inglês, o piloto manda muito bem.

Porém, não é regra geral todos os automobilistas brasileiros terem a pronúncia e a fluência tão boa quanto a de Rubinho Barrichello. Um bom exemplo para ilustrar isso é Felipe Massa, outro automobilista brasileiro da mesma categoria. Apesar de ter um excelente nível de inglês, infelizmente não apresenta o mesmo nível de clareza na pronúncia das palavras.

WILLIAM BONNER
(JORNALISTA)

O apresentador do "Jornal Nacional", da TV Globo, também é outro fluente no inglês. A maioria dos jornalistas já fizeram viagens ao exterior, sendo assim, aprender o idioma é questão de sobrevivência, pois há maiores chances de se destacar no mundo da mídia, seja ela qual for (rádio, TV ou jornal). Em novembro de 2010 o jornalista fez um convite, com muita desenvoltura no idioma, para sua palestra no King's College em Londres na TV Globo através do Jornal Nacional. Com certeza ele teria menos destaque como âncora de um dos maiores noticiários do Brasil se não fosse sua habilidade de falar inglês fluentemente.

SERGEY BRIN
(COFUNDADOR DO GOOGLE)

O Google pode ser uma das maiores empresas americanas já fundadas, mas provavelmente não estaria em lugar nenhum sem seu cofundador russo-americano, Sergey Brin. Brin nasceu em Moscou no início dos anos 1970, quando a Rússia ainda era parte da União Soviética. Seus pais eram ambos intelectuais - seu pai era um professor de matemática e sua mãe uma pesquisadora científica. A família tentou deixar a União Soviética em 1978, devido ao antissemitismo desenfreado, embora fosse mais fácil falar do que fazer. Ao solicitar um visto de saída, ambos os pais de Brin perderam seus empregos e passaram por oito meses de dificuldades antes que eles pudessem finalmente emigrar.

A família Brin mudou-se para Viena, depois para Paris e, logo depois, para os Estados Unidos, quando o pai de Brin recebeu um cargo de professor na Universidade de Maryland. Brin ainda era uma criança nesse momento e enquanto ele rapidamente aprendia inglês em sua nova escola – a Paint Branch Montessori School em Adelphi, Maryland – seus pais o encorajavam a manter suas habilidades no idioma russo e o ajudaram a desenvolver seus talentos matemáticos. Brin obteve um bacharelado em ciência da computação e matemática da Universidade de Maryland, seguido por uma bolsa de pós-graduação em ciência da computação na Universidade de Stanford. Foi em Stanford que Brin conheceu seu colega fundador do Google, Larry Page.

O Google entrou on-line pela primeira vez em 1998, mas Brin quase não desacelerou desde então. Hoje, além de ser a 13ª pessoa mais rica do mundo, Brin está engajado em esforços para combater a crescente crise climática, além de inovação e pesquisa médica, entre outros empreendimentos.

JACKIE CHAN
(ATOR)

Os fãs mais velhos podem se lembrar de assistir aos filmes anteriores de Jackie, onde sua voz foi dublada em inglês. Ele estrelou muitos filmes de kung fu e aprendeu inglês sozinho ouvindo músicas com letras nesse idioma. Você pode não saber que ele se recusa a interpretar vilões em seus filmes e faz todas as suas próprias acrobacias.

Poucos imigrantes famosos para a América encapsulam o tropo de trapos à riqueza como Jackie Chan. Nascido Chan Kong-sang, na Hong Kong controlada pelos britânicos (agora simplesmente Hong Kong), de pais que eram refugiados da Guerra Civil Chinesa, Chan foi criado na pobreza, nos aposentos dos empregados da embaixada francesa, onde seu pai trabalhava como cozinheiro e sua mãe trabalhava como empregada doméstica. A família de Chan deve ter sabido que ele estava destinado a grandes coisas, porque ele começou a aparecer em pequenos papéis quando tinha apenas cinco anos.

Foi o pai de Chan quem inicialmente começou a usar as qualidades energéticas do menino (seu apelido de infância era "Pao-Pao", que se traduz em "bola de canhão"). O Chan mais velho acordava cedo com seu filho para aulas individuais de kung fu, o que mudou apenas quando o futuro ator começou seu aprendizado com um mestre de kung fu profissional, chamado Yu Jim-Yuen. Seu talento para artes marciais e performance levou Chan a se matricular na China Drama Academy, onde ele começou a trabalhar com Jim-Yuen. Chan se destacou em seu treinamento e se tornou parte do grupo de performance Seven Little Fortunes da escola, composto por seus melhores alunos.

Enquanto ele ainda estava na escola, os pais de Chan imigraram para Canberra, Austrália. O próprio Chan ficou em Hong Kong, onde estava começando a se tornar celebridade na indústria cinematográfica local. Alguns de seus primeiros trabalhos foram como dublê do ator Bruce Lee em filmes como "Fist of Fury" e "Enter the

Dragon". Quando sua carreira no cinema chinês começou a estagnar, Chan mudou-se para se juntar a seus pais na Austrália, frequentando a faculdade e adotando o nome Jack, que com o tempo se tornou Jackie. Sua carreira não demorou muito tempo para decolar de vez e Chan acabou voltando para Hong Kong e se separou da sombra de Lee, tornando-se uma estrela solo. Logo, ele era o ator mais bem pago da cidade.

O sucesso de Chan, em Hong Kong, não passou despercebido. Ele rapidamente ganhou fama em toda a Ásia, não apenas atuando, mas produzindo e dirigindo também. Seu primeiro filme em Hollywood – organizado pela produtora chinesa para a qual Chan trabalhava – foi "The Big Brawl". Começou uma série de sucessos muito pequenos nos Estados Unidos e, eventualmente, levou Chan de volta a Hong Kong. Dez anos depois, ele decidiu tentar novamente o sucesso nos EUA e, em 1995, estrelou "Rumble in the Bronx", que finalmente lhe rendeu o reconhecimento de Hollywood que procurava.

Entre os famosos imigrantes da história dos EUA, Chan é o único que conseguiu obter sucesso generalizado na carreira nos EUA sem nunca se tornar totalmente proficiente em inglês. Em vez de segurá-lo, sua herança chinesa serviu para diferenciá-lo, com seu sucesso baseado em seu timing cômico e louros como mestre de artes marciais – e não apenas sua capacidade de se adaptar ao que o público americano espera. Até o momento, ele manteve sua cidadania chinesa e continua morando em Hong Kong, embora o ator também tenha uma casa em Beverly Hills.

Quantas línguas Jackie Chan fala? Para construir

conexões e trabalhar com a China continental, ele teve que aprender mandarim, que é um dialeto chinês completamente diferente daquele que ele cresceu falando. Por quê? Que língua eles falam em Hong Kong? Cantonês! Isso significava que o mocinho favorito de todo o mundo "eu faço minhas próprias acrobacias" teve que aprender um monte de novos tons e pronúncias em seu caminho para se tornar um megastar.

E, claro, Jackie também fala inglês. Se ele não o fizesse, os favoritos dos fãs como "Shanghai Noon", "The Tuxedo" e a série "Rush Hour" seriam muito, muito diferentes.

CARLOS SANTANA
(MÚSICO)

Carlos Santana foi para os EUA via México no início dos anos 1960 e tornou-se cidadão americano em 1965, um ano antes de formar a Santana Blues Band, que passou a se chamar simplesmente Santana. No entanto, nem sempre foi fácil para o famoso compositor e guitarrista, que disse à Rolling Stone em 2000 que, pouco depois de chegar aos Estados Unidos, pegou US$ 20 que sua mãe lhe deu e voltou para Tijuana, a cidade em que sua família morava. Santana foi trazido de volta um ano depois por sua mãe e irmão, quando ele finalmente se matriculou na escola e decidiu ficar.

Embora não tenha demorado muito para Santana começar sua banda, seus primeiros anos nos Estados Unidos foram passados como lavador de pratos em um restaurante de São Francisco e como artista de rua. A Santana Blues Band foi formada com dois colegas artistas de rua que ele conheceu na época: o baixista David Brown e o tecladista Gregg Rolie. Em 1969, a banda tocou em Woodstock e o show foi seguido por um contrato com a Columbia Records.

Santana nunca perdeu o contato com suas raízes mexicanas e, em 2009, ele foi premiado com um Lifetime Achievement Award no Billboard Latin Music Awards. Em 2014, ele compartilhou sua história de imigração – e a história de suas incríveis realizações – em um livro de memórias intitulado "The Universal Tone: Bringing My Story to Light".

ARNOLD SCHWARZENEGGER
(ATOR E EX-GOVERNADOR DA CALIFÓRNIA)

Como você vai de uma infância na Áustria para governador da Califórnia? Para Arnold Schwarzenegger, um dos imigrantes americanos mais famosos, foi uma longa jornada e muito raramente fácil. Nascido em uma família católica, pobre e rigorosa, com um pai ex-nazista, que Schwarzenegger mais tarde descreveria como "abusivo", o ator muitas vezes foi forçado a forjar seu próprio caminho. Ele era um aluno mediano, mas se firmou cedo no mundo do levantamento de peso, tendo levantado sua primeira barra aos 15 anos e aos 17 já competia profissionalmente.

Em 1965, Schwarzenegger serviu um ano no exército austríaco – um requisito na época para todos os homens austríacos quando completavam 18 anos. Ele continuou a competir no circuito de fisiculturismo e venceu o concurso Junior Mr. Europe enquanto ainda estava em serviço ativo. Logo depois, ele foi eleito o "homem mais bem definido da Europa", o que ampliou suas oportunidades e lhe rendeu um lugar na competição Mr. Universe. Schwarzenegger escreveu mais tarde em seu site que o Mr. Universe era "meu ingresso para a América – a terra das oportunidades, onde eu poderia me tornar uma estrela e ficar rico". E embora ele tenha ficado em segundo lugar, a competição o colocou na frente dos treinadores, incluindo um que levou Schwarzenegger, transferindo-o para sua casa em Londres com apenas 19 anos, em 1966.

Em Londres, ele começou a aperfeiçoar suas habilidades em falar inglês. Viver com seu treinador lhe deu mais estabilidade do que estava acostumado e também lhe proporcionou o amor e a atenção que faltavam em sua casa na Áustria. Um ano depois, ele levou para casa o primeiro lugar na competição Mr. Universe, tornando-se a pessoa mais jovem a ganhar o título e vencendo novamente no ano seguinte.

Depois disso, ele decidiu testar sua sorte em algo novo e, mesmo falando muito pouco de inglês, mudou-se para Los Angeles para se tornar uma estrela de cinema em 1968, com apenas 21 anos. Embora suas conquistas atléticas possam não ter exigido muita habilidade linguística, seu trabalho subsequente como ator exigiu. Ele continuou o fisiculturismo nos Estados Unidos e ganhou muitos outros títulos, incluindo o título Mr. Olympia por sete vezes. Entre as sessões de levantamento de peso, ele fazia aulas de inglês. Ele pode nunca ter sido capaz de mudar aquele forte sotaque austríaco, mas isso não foi um obstáculo. Arnold realmente queria uma carreira em Hollywood e realizou seu primeiro filme "Hércules em Nova York" em 1980, mas após o sucesso de bilheteria de 1982, "Conan, o Bárbaro", sua carreira decolou. Se alguma coisa serviu como um trunfo em Hollywood, foi seu sotaque, que o fez se destacar instantaneamente de todos os outros atores em cena.

Em 2002, o LA Weekly descreveu Schwarzenegger como um dos imigrantes americanos mais famosos, tendo superado "um forte sotaque austríaco e transcendido o improvável passado do fisiculturismo para se tornar a maior estrela de cinema do mundo na década de 1990". Superando as probabilidades mais uma vez, Schwarzenegger aproveitou seu sucesso de estrela de cinema – que incluiu filmes como "O Exterminador do Futuro" e "Junior". Entre 2003 e 2011, Arnold foi governador da Califórnia e você pode assistir seu discurso de vitória eleitoral em inglês. O jornal europeu The Telegraph se referiu a Schwarzenegger como vivendo "a personificação do sonho americano", uma afirmação que poucos poderiam negar, embora tenha se aposentado da política desde então.

Através do seu trabalho duro e da sua determinação, ele se tornou um dos homens mais ricos e conhecidos da América.

COMO APRENDER INGLÊS EM 4 ETAPAS

(E FICAR RICO E FAMOSO!)

Agora que você tem uma boa compreensão do que essas celebridades fizeram para se tornarem bem-sucedidas, como você pode aplicar o que elas fizeram?

1. PERSEVERAR

Todas as celebridades sabiam que ser fluente em inglês seria difícil. Eles cometeram muitos erros ao longo do caminho, mas isso não os impediu de tentar novamente.

Eles estudaram com professores e praticaram com nativos. Você pode fazer o mesmo também. Se eles conseguiram se tornar fluentes, por que você não conseguiria?

2. USAR MATERIAIS DA VIDA REAL

Arnold lia jornais. Penélope Cruz lia roteiros de filmes. Shakira lia livros em inglês. Esses são exemplos de materiais da vida real.

Ler livros didáticos pode ser útil, mas pode ser um pouco chato. Encontre um assunto de seu interesse (como moda, culinária ou tecnologia) e busque livros ou revistas sobre esse assunto.

A IMPORTÂNCIA DE APRENDER INGLÊS

Quanto mais interessado você estiver nos materiais de leitura, mais desejará ler. O objetivo é fazer com que você aprenda o máximo de inglês possível, certo?

3. ENTENDER OS MOTIVOS QUE TE LEVAM A QUERER APRENDER INGLÊS

Lembrar-se do porquê você quer aprender inglês o manterá motivado quando o aprendizado ficar difícil.

Todas as celebridades tinham um objetivo específico em mente ao aprender o idioma e continuaram focando nele à medida que progrediam em seus estudos. Isso força você a levar seu aprendizado mais a sério, em vez de tratá-lo como um hobby.

Pense sobre o motivo pelo qual você quer aprender inglês. Seja o mais específico possível e mantenha o foco nessa razão toda vez que praticar.

4. MERGULHAR NO IDIOMA

Mesmo que você não consiga mergulhar totalmente no idioma, faça o que puder.

Você pode assistir a programas de TV em inglês, participar de grupos de conversação locais ou até participar de fóruns on-line. Por que não ir para um país de língua inglesa nas suas próximas férias?

CONCLUSÃO

Lembre-se que o sucesso não vem da noite para o dia. Assim como as celebridades acima, você precisa trabalhar duro por muitos anos antes de obter sucesso.

A chave para o sucesso deles foi dedicação, muita prática e uma compreensão de saber o porquê eles queriam aprender inglês.

Mesmo que você não seja uma celebridade (ainda!), você pode obter sucesso semelhante no aprendizado do idioma.

Comece mergulhando na língua por apenas cinco minutos todos os dias. Mesmo algo tão simples pode ajudá-lo a se tornar fluente em um curto espaço de tempo.

OS MICOS QUE PAGAMOS QUANDO NÃO FALAMOS INGLÊS DIREITO

Assim como as histórias de sucesso, todo mundo que já passou pela experiência de tentar aprender um idioma, ou mesmo aqueles que nunca se atreveram a fazê-lo, têm uma história embaraçosa para contar.

Este capítulo é dedicado aos micos dos meus alunos e familiares quando ainda não sabiam se comunicar muito bem em inglês.

NATHÁLIA F.

Um dia, eu estava jantando na casa da minha família canadense e acabei mordendo a bochecha. Na hora eu soltei um "oh, I beat my chicks!", o que resultou instantaneamente em todos no sala cuspirem suas comidas de tanto rirem. Eu queria ter dito "oh, eu mordi minha bochecha" que seria, na verdade, "oh, I bit my cheek". Mas na verdade eu acabei dizendo "oh, eu bati nos meus pintinhos". Outra vez eu estava em uma sorveteria com uns amigos e, na minha vez de pedir, eu disse "I'd like two chocolate balls, please" e todos começaram a rir. Eu, sem entender nada, perguntei o que eu tinha dito de errado, minha amiga olhou pra mim e disse "aqui nós dizemos scoops pra indicar a quantidade de sorvete que você quer". São tantos micos que eu já perdi a conta. Nós, brasileiros, temos dificuldades com palavras específicas, como a diferença entre lemon e lime, ou até mesmo a pronúncia correta de beach, coffee, sheep, sheet. A minha palavra inimiga até hoje é "world", pois, ainda hoje, tenho muita dificuldade de pronunciá-la corretamente. Mas entendi que é errando que se aprende!

MARIE L.

Eu tinha 14 anos quando tive a oportunidade de viajar para a Inglaterra, por meio de um passeio da escola por uma semana. Lá fiquei hospedada na casa de uns ingleses e durante o dia fazia aulas de inglês em uma escola de idiomas para aperfeiçoar a língua e ter mais contato com a cultura. Nessa época eu não falava inglês muito bem, tinha muitas dificuldades para me comunicar e tirava notas muito baixas na escola.

Um dia, quando eu estava na casa da família que me hospedou, a senhora anfitriã me perguntou que tipo de sanduíche eu gostaria de comer no dia seguinte para que ela preparasse para mim. Eu respondi que queria "ham" que significa presunto, mas como eu não pronunciei direito ela entendeu "jam" que quer dizer geleia em inglês. Aí eu passei uma semana comendo sanduíche de geleia, pois não soube me comunicar direito e fiquei com vergonha de me explicar.

CLÓVIS A.

Minha história embaraçosa com o inglês é sobre a falta da compreensão da língua em uma pessoa com 62 anos de idade.

Com 12 anos, comecei um curso de inglês na forma tradicional "verbo to be", com livros sem figurinhas, na maçante tarefa de desvendar as palavras e suas pronúncias, através de frases decoradas como "the book is on the table".

Em 1976, comecei a estudar em uma escola de idiomas e até me dediquei para um vestibular, mas um professor ao ver minhas dificuldades em me expressar, me disse a seguinte frase: "Você pretende sair do país? Por que você insiste em aprender uma coisa que você jamais vai conseguir?". E esse esse foi o balde de água fria que eu tive para desistir do inglês. Eu não imaginava o quanto essa desistência me custaria emocionalmente e financeiramente anos depois.

Já formado, fui convidado para trabalhar na empresa Bayer, em Berlim, e depois de um curso rápido seria enviado para Croácia, porém precisava de pelo menos um inglês intermediário, para compreensão do curso e para me manter na Alemanha.

Como eu era formado em eletrônica, minha compreensão de manuais técnicos na língua inglesa sempre foi acima da média da minha turma, mas eu não conseguia construir frases para uma compreensão fora da literatura. Moral da história, passei em tudo, mas não passei na conversação e lá se foi minha primeira derrota para o inglês.

Em 1985, fui convidado para palestrar para um público de uma empresa, mas tinha que ser ou em inglês ou em alemão. Duas línguas sem meu domínio, o que me gerou uma perda de ganho financeiro grande na época.

Quando estava trabalhando no Banco Real, em 1988, havia um cargo cujo salário era aproximadamente 3 vezes maior do que o que eu ganhava na época, mas o obstáculo da língua novamente me derrubou.

Surgiu a oportunidade de chefiar uma empresa cujo dono era o Dr. Jacob Safra, dono do banco Safra, mas o inglês (dessa vez fluente) era necessário e, mais uma vez, tive outra oportunidade perdida.

Na faculdade de Direito, em 2003, inúmeros livros de conteúdos jurídicos, que não eram traduzidos para o português, não foram lidos e, com isso, esbarrei na dificuldade de argumentação jurídica.

Para fazer meu Doutorado em Direito, havia a proposta de fazer em português e espanhol (minha escolha) e português e inglês, sendo que caso fosse o que eu tivesse optado teria em minhas mãos uma bolsa de 100% para cursar na Universidade de Oxford.

Lá se foi mais uma chance perdida por não ter fluência, ou melhor, por já não saber mais o "the book is on the table" e sem mais tempo para começar novamente com o verbo to be. Aprendi o espanhol para fazer a defesa de tese, não me saí mal, mas não entendi as perguntas da banca, que eram feitas em inglês, pois não conseguia entender o suficiente para responder sobre assuntos que eu sabia.

Desde o segundo semestre de 2018, sou estudante novamente, agora no curso de Psicologia, sendo que falta apenas um semestre para me formar e vejo a falta que o inglês me faz no momento em que tenho que ler um artigo.

É certo de que com a tecnologia de hoje, o Google, tradutor dos tradutores, auxilia ao recortar um texto e poder ver automaticamente sua tradução simultânea, mas sei que, por ser uma tradução literal, os textos de Psicologia parecem um pouco desconexos. Fora isso, também passei por uns micos no passeio que fiz com minha esposa para a Inglaterra, onde minha mímica serviu. Entrava nos lugares mudo e saía calado, sem compreender muito o ruído externo.

Ao passear no parque em Stonehenge com uma guia local perdi 99,9% da explicação, depois, com muito sacrifício, lia palavra por palavra das placas para entender a história do local pelo qual sempre fui apaixonado.

Na Universidade em Oxford, também com um guia local, me sentia um analfabeto e sem direito à emissão de voz, sem que saísse de minha boca um "please, quero água para beber". Realmente, foram várias situações embaraçosas que fizeram com que eu me arrependesse muito de não ter aprendido o idioma desde cedo.

AMÉLIA G.

Quando eu era jovem fiz um curso de inglês, mas como nunca tive a oportunidade de praticar, acabei perdendo a capacidade de me comunicar. Durante algumas viagens internacionais com o meu marido, eu até entendia alguma coisa, mas não conseguia falar nada. Me lembro de uma situação embaraçosa quando estávamos fazendo um cruzeiro e, na mesa do jantar, havia pessoas de outras nacionalidades. Nesse dia, sentaram-se ao nosso lado duas senhoras americanas supersimpáticas.

Meu marido conversava com elas sem problemas, pois falava inglês muito bem e eu só ficava olhando sem falar nada. De repente, uma delas olhou para mim e começou a rir, pois percebeu que eu não estava entendendo nada. Apesar de saber que ela tinha razão para achar aquilo engraçado, me senti um pouco intimidada pelo fato de ter sido motivo de riso e chateada por não poder participar da conversa. Uma outra vez, isso aconteceu novamente, quando estava participando de um evento com holandeses, através da empresa multinacional na qual meu marido trabalhava. Eles conversavam com naturalidade em inglês e eu ficava só olhando sem conseguir me comunicar. Por isso sempre fiz questão de investir em cursos de inglês para as minhas filhas, pois não queria que elas passassem por essas situações embaraçosas como eu. Hoje elas se comunicam muito bem e não pagam pelos micos que eu paguei!

ANTÔNIO CARLOS G.

No ano de 1979, vivi as primeiras experiências em ambientes onde o principal problema era a limitação de comunicação. Foram inúmeros momentos e situações que mostraram a importância da língua inglesa.

Cheguei juntamente com um grupo de colegas profissionais na Holanda para um período de treinamento protegido por uma estrutura de apoio, uma vez que era totalmente incapaz de me comunicar de forma autônoma.

Tudo correu bem, até o dia que resolvi viajar sozinho para visitar os tios da minha namorada que viviam na Alemanha. O deslocamento foi feito de trem e previa o controle de imigração e alfândega entre a última estação da Holanda e a primeira estação, já em território alemão. O primeiro controle foi feito pelos policiais da imigração tendo sido carimbado meu passaporte sem problema. Num segundo momento, os oficiais da alfândega começaram a perguntar o propósito da viagem, tempo de permanência, quantidade em dinheiro que eu dispunha, além de outras perguntas. O idioma desde o princípio de todo esse procedimento foi o inglês e como eu não conseguia me expressar corretamente, fui retirado do trem pelos policiais na parada seguinte e detido até a chegada do próximo trem, que retornava à Holanda, quando então meus documentos foram entregues aos policiais holandeses e posteriormente a mim devolvidos somente em território holandês. Uma situação tremendamente embaraçosa que não terminou por aí, infelizmente.

Em dezembro de 1981, eu, minha esposa e minha filha de menos de 2 anos, tínhamos um voo de Paris à Londres, mas havia uma forte nevasca. Com o aeroporto fechado foi oferecido a nós o deslocamento via trem, balsa e outro trem até Londres como alternativa. Chegamos em Londres por volta das duas horas da madrugada, cansados, sem nenhuma reserva em hotel e com muito frio. Ainda com muita dificuldade de comunicação pegamos um táxi à procura de hospedagem. Fomos levados a um hotel de luxo, por ser a única opção viável em plena madrugada. Fomos atendidos com muita desconfiança pela recepção, com a exigência de pagamento adiantado. Já no quarto, ainda passamos muito frio pelo fato não sabermos ligar o sistema de calefação e não sabermos como pedir orientação por telefone. Assim que o dia amanheceu pedimos ajuda ao concierge (português) para trocarmos de hotel.

Em 1999, também em Londres, vivi uma experiência interessante na minha relação com o idioma inglês. Chegando pelo metrô em uma das mais movimentadas estações no centro de Londres, Bond Street, parei em uma pequena loja para revelar dois filmes.

Havia uma longa fila e, quando chegou a minha vez, não consegui entender nenhuma palavra que a atendente me dizia, aí apelei para o bom e velho sistema da mímica, ou seja, mostrando os rolos de filmes e gesticulando. A fila era grande e não havia muito tempo a perder por parte da atendente. Saí daquela situação profundamente frustrado sem entender as razões da total impossibilidade de me comunicar com a atendente, pois eu pensava que já falava razoavelmente bem inglês. Naquela tarde, com a professora de idiomas, relatei a experiência e minha frustração em decorrência de não saber me expressar direito.

Ela então levantou as seguintes questões: Qual é o seu propósito principal com o idioma? Morar aqui conosco? Viver e trabalhar em um país de língua inglesa? Então será necessário entender essas pessoas. Ou então, ser capaz de se apresentar adequadamente, informar o que deseja e o porquê, argumentar e contra-argumentar sobre um assunto específico propiciando ao seu interlocutor o adequado entendimento dos seus propósitos? Se a sua relação com o idioma for a segunda opção, nesse caso, você está apto a se relacionar. Relaxe e a evolução será natural e gradual. Voltando à situação da manhã, ela ainda comentou: "A propósito, não sabemos se a pessoa que lhe atendeu estava realmente falando inglês ou não, quem sabe?".

A partir daquele momento passei a conviver com mais naturalidade com o idioma, na certeza de ser capaz de não somente "sobreviver" em um ambiente no qual a comunicação é importante, mas estar apto a me "relacionar" com esse mesmo ambiente.

KARINY D.

Aos 28 anos decidi ir morar no Canadá sem falar nada de inglês. Esse momento foi e ainda continua sendo uma aventura diária, em que eu percebo todos os dias que eu preciso estudar e aprender este idioma cada vez mais, para evitar que mais perrengues apareçam na minha vida.

Eu sou uma pessoa extremamente comunicativa e não poder conversar com as pessoas me deixava muito triste, pois sentia toda minha alegria e brilho indo embora quando tentava me comunicar com alguém.

O primeiro perrengue estava perto de acontecer. Todos os dias eu passava por uma famosa cafeteria chamada Tim Hortons, uma das mais conhecidas por aqui, devido ao preço acessível dos cafés comparado à Starbucks. Me lembro de um dia ler um adesivo na porta que dizia "We welcome services dogs" e achava o máximo, afinal eu estava morando em um país de primeiro mundo e na minha cabeça até os cachorros eram bem-vindos naquele lugar. Afinal, eu sempre escutei que mulheres, crianças e animais são muito respeitados no Canadá.

Um belo dia, resolvi passear com minha cachorrinha, Nina, quando meu marido me liga me pedindo algo da cafeteria. Na mesma hora, eu entro com minha cachorrinha no estabelecimento e já percebo todos os olhares voltados para mim, inclusive dos funcionários. Mas até então eu nem estava preocupada, afinal eu tinha certeza que "welcome" significava bem-vindo e o adesivo dizia algo do tipo "welcome dogs", entendi que todos os cachorros eram bem-vindos, não me atentei à palavra "service", que faz referência aos animais de companhia que prestam serviço e têm uma licença especial para frequentar lugares públicos proibidos para animais.

Achando que tinha entendido a mensagem direitinho, considerei que minha cachorrinha era bem-vinda e entrei sem me preocupar, até o momento que a funcionária veio até mim e disse que cachorros não eram permitidos ali. Ah, mas como assim? Fiquei indignada e fui totalmente ousada nessa hora! Fui até a porta e mostrei o adesivo para a funcionária, ela me explicou pacientemente o verdadeiro significado da mensagem mal-entendida e eu fiquei sem saber onde me esconder de tanta vergonha! Essa situação constrangedora me fez rir por vários dias quando eu passava na frente daquele local!

Outra situação engraçada foi quando eu estava trabalhando com serviços de catering, mais conhecido no Brasil como "bufê". Nesse dia, eu estava servindo um aperitivo de ervilha com queijo, algo que pode parecer estranho na nossa cultura, mas muito comum nas formaturas dos alunos do ensino médio por aqui. Até que, de repente, um pai de um aluno formando me perguntou o que eu estava servindo e eu falei com convicção: "piss with cheese". Ele pediu para eu repetir três vezes e todos os convidados se olharam e começaram a rir! Eu, mesmo jurando que estava falando corretamente, guardei esse segredo a sete chaves e fui perguntar para minha professora de inglês o motivo do riso! Ela me explicou que eu estava falando "mijo com queijo" e corrigiu minha pronúncia, embora eu tivesse certeza que estava falando corretamente!

Enfim, me arrependo todos os dias de quando eu fugia de aprender inglês e hoje sinto que estou pagando um preço muito alto por isso, mas mesmo assim, tento me divertir em meio a tantos perrengues diários.

COMO VENCER O MEDO E TORNAR-SE FLUENTE EM INGLÊS

Segundo alguns especialistas em neurociência, o medo pode ser um grande agente motivador para aprender algo. Como assim? Deixa eu te explicar...

Muitos dos meus alunos me contam seus medos e frustrações diárias com a língua, mas se levarmos em conta que todos esses medos podem ser vencidos e convertidos em alavancas para alcançar a fluência mais rapidamente, eles podem se tornar uma grande forma de inspiração ao invés de grandes vilões!

Vejamos aqui alguns exemplos dos maiores medos da maioria dos estudantes de inglês: falhar, ser passado para trás, perder uma oportunidade, passar vergonha, não ser compreendido, ter que depender de alguém, não conseguir se virar numa situação complicada ou numa emergência, causar um mal-entendido, ofender alguém sem ter a intenção, ser julgado, etc.

Agora pense comigo, se você pegar todos esses medos e convertê-los em razões para se dedicar e aprender esse idioma tão especial, certamente vai se sentir totalmente aliviado e motivado por nunca ter que enfrentá-los em situações cotidianas.

Minha dica para fazer essa conversão de pensamentos é associar o fato de aprender inglês a situações positivas na sua vida, contrárias a esses medos, por exemplo: conscientizar-se de que ao falar inglês fluentemente você dificilmente terá medo de falhar, pois não se sentirá inseguro; não terá medo de ser passado para trás, pois saberá se expressar em diferentes situações e pedir explicações quando achar que foi enganado; não terá medo de perder uma oportunidade, pois se sentirá capaz de concorrer com outros candidatos tão qualificados como você; não terá medo de passar vergonha, pois não haverá razão para isso, já que você vai conseguir se comunicar sem travar ou sem gaguejar; não terá medo de não ser compreendido, pois sua fluência te garantirá uma excelente pronúncia e permitirá que as pessoas te compreendam facilmente; não terá medo de ter que depender de alguém, pois se sentirá totalmente seguro e independente para resolver qualquer assunto sozinho; não terá medo de não conseguir se virar numa situação complicada ou numa emergência, pois as palavras não faltarão mesmo quando estiver um pouco nervoso; não terá medo de causar um mal-entendido, pois saberá utilizar as palavras de acordo com o contexto e nível de formalidade em cada situação; não terá medo de ofender alguém sem a intenção, pois entenderá questões culturais que fazem parte do aprendizado do idioma; não terá medo de ser julgado, pois se sentirá capaz e seguro de si para falar em público, no telefone ou em qualquer situação que antes parecia desconfortável.

Agora que você entendeu como essa transição de pensamentos funciona, só precisa focar nela como uma forma de recompensa e o processo ficará bem mais fácil.

Depois disso, procure aliar atividades interessantes e motivadoras ao aprendizado de inglês, como, por exemplo, seus hobbies. Muita gente acaba optando pelo mais fácil e faz tudo no automático em português para se cansar menos, é aí que mora o perigo. Ao fazer as atividades do dia a dia em inglês, você acaba se acostumando com o tempo e desenvolvendo habilidades comunicativas naturalmente, sem fazer nenhum esforço absurdo. É assim que as crianças aprendem como esponjas e absorvem todo o conteúdo automaticamente. Elas mergulham no aprendizado de forma natural através das brincadeiras, desenhos animados, musiquinhas, personagens, etc.

Como fazer o mesmo sendo adulto? Deixa eu te dar alguns exemplos: que tal mudar as configurações do seu celular, email, automóvel, videogame e redes sociais para o inglês? Por que não assistir a filmes e séries somente no idioma original ou com legendas nessa língua? E aquele seu livro favorito, já pesquisou se ele tem uma versão em inglês? Seria uma boa ideia ler novamente e aprender várias palavrinhas novas! Sabe aquela aula de ginástica, yoga ou condicionamento que você tanto gosta? Com certeza você pode encontrá-la em inglês na internet. Procure por vídeos no Youtube e encontre opções variadas sobre temas de sua preferência. Hoje em dia é tão fácil e não custa mais caro optar pela mudança de idioma, já que tudo isso está disponível em inglês.

E claro, essas alternativas são complementares e não garantem sozinhas o sucesso do seu aprendizado, você também precisa ter uma rotina de estudos e tentar treinar cada habilidade de maneira frequente e disciplinada. No próximo capítulo eu vou te dar algumas ideias de ferramentas e recursos gratuitos para que você possa aprender inglês sem gastar nada.

FERRAMENTAS GRATUITAS PARA APRENDER INGLÊS SEM GASTAR NADA

Você já parou para pensar na infinidade de recursos gratuitos disponíveis na internet hoje em dia? Apesar disso, a maioria dos estudantes tem dificuldade de selecionar os conteúdos úteis e de boa qualidade para o seu aprendizado em meio a tantos sites, canais do Youtube, perfis de Instagram, podcasts, etc.

Em um mundo globalizado, no qual a tecnologia reina, somos bombardeados por uma enxurrada de informações diariamente e temos a sensação de não dar conta de absorver tudo e nos sentimos perdidos e exaustos, sem saber por onde começar. Isso acontece porque a quantidade excessiva de informações aumenta as incertezas geradas durante o processo decisório.

Pensando nisso, criei um curso chamado Plano de Estudo – Aprenda Inglês Mais Rápido, em que o aluno aprende a criar um plano de estudos que servirá de guia para o seu aprendizado, independentemente se ele já faz um curso de inglês em uma escola, com professor particular ou não.

O curso é composto de 40 aulas, com um total de 4 horas de duração. Nele, o aluno também encontra uma seleção de recursos gratuitos como sites, apps, canais do Youtube, livros, flashcards e podcasts para aprimorar as suas habilidades de Speaking, Listening, Reading, Writing, Vocabulary, Pronunciation e Grammar. Todos eles foram testados e aprovados por mim e incluem links de acesso e dicas para aproveitar o seu tempo dentro e fora das aulas e otimizar os seus estudos de forma geral.

Além disso, seu acesso é vitalício, o que significa que o aluno pode acessá-lo quantas vezes quiser até o fim da vida! Disponibilizei uma versão gratuita em formato minicurso que está fazendo o maior sucesso e já conta com mais de 8 mil alunos em mais de 100 países. Caso queira começar por ele, escaneie o QR Code ou acesse https://www.udemy.com/course/mini-curso-plano-de-es-tudo-aprenda-ingles-mais-rapido/

Caso fique com gostinho de quero mais e decida continuar com o curso completo, você encontra um cupom de desconto na última aula.

Eu poderia citar todos esses links aqui, mas achei mais interessante demonstrar cada um deles lá no curso para que os alunos tenham uma ideia e selecionem aqueles que consideram mais relevantes de acordo com as suas necessidades e preferências individuais.

E, para finalizar este capítulo, gostaria de indicar também o meu site onde você encontra uma lista de recursos para estudar inglês:
www.cflanguageservices.ca
Além do meu blog que inclui um pouco de tudo sobre o ensino de inglês e português (biografias, indicações de livros e materiais, recursos para treinar gramática, conversação e vocabulário, phrasal verbs & idioms, dicas, etc).
https://practicelanguagesonline.com
Basta clicar nas categorias do lado direito da tela ou procurar na caixa de pesquisa pelo assunto de seu interesse.

Agora você não poderá dar a desculpa de que não começou a estudar inglês ainda por falta de dinheiro, não é mesmo? Basta se organizar, fazer o curso, criar seu plano de estudo e partir para a ação! Não adie mais essa meta, você tem tudo nas mãos, querer é poder!

FRASES INSPIRADORAS

Neste capítulo, quero deixar como motivação algumas frases inspiradoras criadas por celebridades internacionais para quem sabe despertar a sua vontade de começar os seus estudos de inglês o quanto antes.

"That which does not kill us makes us stronger." – Friedrich Nietzsche
"Aquilo que não nos mata, nos torna mais fortes."

"Do what you have to do, to do what you want to do." – Denzel Washington
"Faça o que você tem que fazer, para fazer o que você quer fazer."

"Intellectual growth should commence at birth and cease only at death." – Albert Einstein
"O crescimento intelectual deve começar no nascimento e cessar apenas na morte."

"You can always be better." – Tiger Woods
"Você sempre pode ser melhor."

"I have failed again and again throughout my life. That's why I've been successful." – Michael Jordan
"Eu falhei repetidas vezes ao longo da minha vida. É por isso que tive sucesso."

"Learning never exhausts the mind." – Leonardo Da Vinci
"Aprender nunca esgota a mente."

"Knowing is not enough; we must apply. Willing is not enough; we must do." – Bruce Lee
"Saber não é suficiente; devemos aplicar. Ter vontade não é suficiente; devemos fazer."

"Winners never quit and quitters never win." – Vince Lombardi
"Vencedores nunca desistem e desistentes nunca ganham."

"The more that you read, the more things you will know. The more that you learn, the more places you will go." – Dr. Seuss
"Quanto mais você lê, mais coisas você saberá. Quanto mais você aprender, a mais lugares você irá."

"Anyone who stops learning is old, whether at twenty or eighty. Anyone who keeps learning stays young." – Henry Ford
"Qualquer um que para de aprender fica velho, seja aos vinte ou aos oitenta. Quem continua aprendendo permanece jovem."

"Be proud of who you are." – Eminem
"Tenha orgulho de quem você é."

"The only failure is not to try." – George Clooney
"O único fracasso é não tentar."

"Be the hero of your own story." – Joe Rogan
"Seja o herói da sua própria história."

"The beautiful thing about learning is that nobody can take it away from you." – B. B. King
"O bom de aprender é que ninguém pode tirar isso de você."

"Education is the most powerful weapon which you can use to change the world." – Nelson Mandela
"A educação é a arma mais poderosa que você pode usar para mudar o mundo."

"Turn your wounds into wisdom." – Ophra Winfrey
"Transforme suas feridas em sabedoria."

"Opportunities don't happen,
you create them." – Chris Grosser
"As oportunidades não acontecem, você as cria."

"Someone's sitting in the shade because
someone planted a tree a long time ago."
– Warren Buffet
**"Alguém está sentado na sombra, porque
plantou uma árvore há muito tempo."**

"People often say that motivation doesn't last.
Well, neither does bathing – that's why we
recommend it daily." – Zig Ziglar
**"As pessoas costumam dizer que a motivação
não dura. Bem, o banho também não – é por
isso que o recomendamos diariamente."**

CONCLUSÃO

A busca por conhecimento é, sempre foi e sempre será infinita. Como seres humanos dotados de inteligência e capacidade infinita para aprender, temos que nos inspirar e encontrar motivação a todo momento, seja através de bons exemplos, recompensas ou até situações embaraçosas.

O importante é não desistir nunca e procurar orientação profissional quando não se sabe mais o que fazer. Caso precise de uma ajudinha nos estudos, conte comigo.

Abaixo você encontra todos os meus contatos e redes sociais:

Website: **www.cflanguageservices.ca**

https://linktr.ee/cinthiaferreira

Blog: **https://practicelanguagesonline.com**

Facebook Page: **/cfls.ca**

Facebook Group (Brazilian English Learners): **https://www.facebook.com/groups/474983066639573**

Instagram: **@cinthias_english_class**

Quizlet: **cinthiasenglishclass**

Espero que este livro tenha servido de inspiração para que você encontre o melhor caminho nos seus estudos de inglês e atinja os seus objetivos sem deixar escapar nenhuma oportunidade de sucesso.

Bons estudos!

SITES ÚTEIS
(BIBLIOGRAFIA E REFERÊNCIAS)

www.englishclub.com/what-is-english/

www.englishclub.com/history-of-english

www.grammarly.com/blog/10-interesting-english-facts-guest

https://blog.lingoda.com/en/fun-facts-english-language/

www.fluentu.com/blog/english/interesting-facts-about-english/

www.fluentu.com/blog/english-por-br/fatos-interessantes-ingles/

https://premiertefl.com/blog/interesting-facts-about-the-english-language/

www.english.com/blog/fascinating-facts-about-english/

https://blog.topenglish.com.br/35-curiosidades-sobre-lingua-inglesa/

https://www.speedup18meses.com.br/conteudo/20-fatos-e-curiosidades-sobre-ingles-que- voce-nao-sabia

https://inglesinstrumentalonline.com.br/blog/5-beneficios-de-aprender-ingles-que-voce- ja-deveria-saber/

www.topwayschool.com/blog/conheca-6-vantagens-de-aprender-a-falar-em-ingles

https://preply.com/en/blog/learning-english-quotes/

https://pt.wikipedia.org/wiki/L%C3%ADngua_inglesa

www.google.com/search?q=quotes+about+learning+english+as+a+-second+langua ge&oq=quotes+about+learning+english&aqs=chrome.2.69i57j0i512l3j0i22i30j0i15i22i3 0j0i22i30l3j0i15i22i30.11374j-0j7&sourceid=chrome&ie=UTF-8

www.english.com/blog/clebrities-who-learnt-english/

https://englishlive.ef.com/blog/english-in-the-real-world/ten-non-native-english-speakers- who-made-it-big-in-the-us/

www.moving.com/tips/how-famous-american-immigrants-moved-to-us/

www.memrise.com/blog/12-celebrities-who-speak-many-languages

www.youtube.com/watch?v=sRwtFXHpSxM

https://inglesnarede.com.br/dicas/brasileiros-famosos-que-falam-ingles/
https://inglestreinando.com/falar-ingles-pode-mudar-a-sua-vida
https://inglestreinando.com/brasileiros-famosos-que-falam-ingles
https://skylimitidiomas.com.br/5-celebridades-brasileiras-que-falam
-ingles-fluentemente/
www.jornadageek.com.br/brasileiros-famosos-que-falam-ingles/
https://blog.tjtaylor.net/celebrities/
https://mainenglish.com/pt/blog/celebridades-que-aprenderam-ingles/
https://hridiomas.com.br/dicas-famosos-aprender-ingles/ https://en.wi-
kipedia.org/wiki/Ricky_Martin
www.folhadelondrina.com.br/folha-2/disco---seu-jorge-canta-em-italiano
-e- ingles-539349.html
www.gazetadopovo.com.br/caderno-g/seu-jorge-prepara-disco-para-pu-
blico- americano-a61uxljoox6qngwg8koicwtvy/
https://en.wikipedia.org/wiki/Seu_Jorge